北京理工大学"双一流"引导专项经费资助

THE STUDY OF LONG-TERM MECHANISM TO
IMPROVE PUBLISHING SERVICE QUALITY

出版服务质量提升
长效机制研究

崔立新　刘　铁　著

北京理工大学出版社
BEIJING INSTITUTE OF TECHNOLOGY PRESS

版权专有 侵权必究

图书在版编目（CIP）数据

出版服务质量提升长效机制研究 / 崔立新，刘铁著 . —北京：北京理工大学出版社，2018.5
　ISBN 978–7–5682–5677–3

Ⅰ. ①出… Ⅱ. ①崔…②刘… Ⅲ. ①出版物–质量管理–研究–中国 Ⅳ. ①G239.2

中国版本图书馆 CIP 数据核字（2018）第 096540 号

出版发行 / 北京理工大学出版社有限责任公司
社　　址 / 北京市海淀区中关村南大街 5 号
邮　　编 / 100081
电　　话 / （010）68914775（总编室）
　　　　　（010）82562903（教材售后服务热线）
　　　　　（010）68948351（其他图书服务热线）
网　　址 / http：//www.bitpress.com.cn
经　　销 / 全国各地新华书店
印　　刷 / 北京九州迅驰传媒文化有限公司
开　　本 / 710 毫米×1000 毫米　1/16
印　　张 / 12.5　　　　　　　　　　　　　　　责任编辑 / 梁铜华
字　　数 / 174 千字　　　　　　　　　　　　　文案编辑 / 曾　仙
版　　次 / 2018 年 5 月第 1 版　2018 年 5 月第 1 次印刷　责任校对 / 黄拾三
定　　价 / 49.00 元　　　　　　　　　　　　　责任印制 / 王美丽

图书出现印装质量问题，请拨打售后服务热线，本社负责调换

前　言

课题组于 2014 年获批国家新闻出版广电总局的课题"出版产品质量提升长效机制研究"（编号：A-2014-11-1），于 2015 年获批国家认证认可监督管理委员会"2015 年第二批认证认可行业标准制定计划项目"的项目"出版服务质量评价导则"（编号：2015RB065），本书是在这两项课题研究成果的基础上完成的。

本书主要由出版产品质量及其保障体系现状及问题分析调查报告、出版企业内部保障质量体系现状调查问卷分析报告、出版产品质量评价指标体系、出版企业内部质量保障体系、出版产品内容质量第三方评价方法、出版企业内部质量保证能力评审办法、大数据应用于提升出版产品质量的探索研究等部分组成。

本书的特色和创新主要表现在四方面：一是从更新、更广阔的视角对出版服务质量进行了界定和分析，研究方法科学、新颖；二是对出版服务质量评价的指标体系进行了分类构建，特别是对图书质量评价指标体系进行了科学的、探索性的构建，并对不同指标赋予了相应的权重；三是应用大数据理论和大数据目前在出版行业的运用手段，探索了大数据在出版服务质量提升方面的具体应用；四是通过借鉴其他行业质量保障办法和流程，提出构建出版服务质量保障体系和相关评审办法的初步方案。

本书的理论和应用价值体现在六个方面：一是定义了出版服务质量的内涵和外延；二是调查了出版服务质量保障的相关现状和流程，分析并计算了有关数据；三是对出版服务质量评价指标进行了细分，指标层次清晰，有助于从丰富出版服务功能的角度出发研究质量保障问题；四是提出了保障出版服务质量需要进行专业化、规范化和社会化的评审和评价；五是为出版管理部门进一步加强出版服务质量管理提供了一定参考和借鉴，有助于丰富和完善出版服务质量管理体系和措施；六是为出版企业完善和健全服务质量管理流程和办法提供了理论依据。

受时间和笔者能力所限，本书一定存在不足之处，欢迎大家批评指正。联系方式：cuilixin@bit.edu.cn。

感谢课题组成员王艳丽、刘丹妮、董梦婷、李翔、董倩倩的大力支持。

崔立新　刘　铁

于北京理工大学中心教学楼

2018 年 5 月 8 日

目 录

第1章 绪论 ··· 001
  1.1 出版服务质量国内外研究现状 ································ 003
    1.1.1 国内出版社全面质量管理体系研究 ················· 003
    1.1.2 国内出版产品质量问题现状及原因分析 ········· 009
    1.1.3 国外出版服务质量管理研究 ···························· 032
    1.1.4 国外出版物质量评价指标及保证实践 ············· 037
  1.2 出版企业内部质量保证体系调查问卷设计及
      数据分析 ·· 041
    1.2.1 问卷设计 ·· 041
    1.2.2 问卷分析 ·· 043
    1.2.3 存在问题 ·· 049
  1.3 出版企业内部质量保证体系案例研究 ····················· 052
    1.3.1 案例一：北京理工大学出版社 ························ 052
    1.3.2 案例二：北京大学出版社 ······························· 055
    1.3.3 案例三：中国青年出版社 ······························· 057
  1.4 出版服务质量提升长效机制构建 ····························· 058
    1.4.1 加强对图书内容质量的控制 ···························· 059
    1.4.2 完善并落实出版企业内部质量保证制度 ········· 060
    1.4.3 提升服务质量 ··· 060

第2章 理论基础 ··· 061
  2.1 服务 ··· 061
  2.2 服务质量理论 ·· 063
    2.2.1 服务质量的概念 ··· 063
    2.2.2 顾客感知的服务质量的概念 ···························· 065
    2.2.3 顾客感知服务质量评价 ·································· 068
  2.3 服务运营管理理论 ··· 071
    2.3.1 服务运营管理 ··· 072

2.3.2 服务蓝图 ……………………………………… 075
 2.3.3 关键时刻 ……………………………………… 077
 2.3.4 需求层次理论 ………………………………… 079

第3章 出版服务质量界定 ……………………………… 082
 3.1 出版服务内涵及外延 ……………………………… 082
  3.1.1 出版服务内涵 ………………………………… 082
  3.1.2 出版服务外延 ………………………………… 087
 3.2 出版服务质量构成 ………………………………… 088
  3.2.1 出版服务质量的设计 ………………………… 089
  3.2.2 出版服务质量的生产 ………………………… 089
  3.2.3 出版服务质量的控制 ………………………… 091
  3.2.4 出版服务质量的反馈 ………………………… 094

第4章 出版服务质量评价指标体系 …………………… 095
 4.1 出版产品质量评价指标体系 ……………………… 095
 4.2 图书内容质量评价指标 …………………………… 096
  4.2.1 图书内容质量评价指标体系初建 …………… 097
  4.2.2 出版从业人员对图书内容质量评价指标重要性的
     观点问卷调查分析 …………………………… 099
 4.3 结论 ………………………………………………… 110

第5章 出版企业内部质量保证体系研究 ……………… 112
 5.1 概念界定 …………………………………………… 112
 5.2 人员 ………………………………………………… 113
 5.3 基础 ………………………………………………… 115
 5.4 原稿 ………………………………………………… 116
 5.5 流程 ………………………………………………… 118
 5.6 组织机构与企业文化 ……………………………… 132
 5.7 服务 ………………………………………………… 133

第6章 出版服务质量第三方评价办法 ………………… 135
 6.1 总则 ………………………………………………… 135

- 6.2 评价机构 …… 136
- 6.3 评价咨询专家 …… 138
- 6.4 出版产品内容质量评价内容及方法 …… 140
- 6.5 出版产品内容质量评价原则 …… 141
- 6.6 评价应当提交的材料 …… 142
- 6.7 评价形式 …… 143
- 6.8 评价程序 …… 143
- 6.9 评价报告 …… 144
- 6.10 评价费用 …… 145
- 6.11 附则 …… 145

第7章 出版企业内部质量保证能力评审办法 …… 146
- 7.1 总则 …… 146
- 7.2 评审权限与组织机构 …… 147
- 7.3 评审申请与受理 …… 148
- 7.4 评审的实施 …… 150
- 7.5 评审结论 …… 152
- 7.6 监督管理 …… 154
- 7.7 附则 …… 155

第8章 大数据应用于提升出版产品质量的探索研究 …… 157
- 8.1 大数据简介 …… 157
- 8.2 出版行业大数据应用的国内外现状 …… 159
  - 8.2.1 出版行业大数据应用的国内现状 …… 159
  - 8.2.2 出版行业大数据应用的国外现状 …… 160
- 8.3 出版行业大数据来源及应用流程 …… 162
  - 8.3.1 出版行业大数据来源 …… 162
  - 8.3.2 出版行业大数据应用基本流程 …… 163
- 8.4 大数据在出版行业的应用方向 …… 164
- 8.5 大数据在出版产品质量提升方面的具体应用 …… 166

附录1　出版企业内部质量保证体系现状调查问卷 ………… 169

附录2　出版企业内部质量保证体系现状调查问卷
　　　　分析报告 ……………………………………………… 174

附录3　出版从业人员对图书内容质量评价指标重要性
　　　　观点调查问卷 ………………………………………… 186

参考文献 …………………………………………………………… 190

第 1 章　绪　论

《服务业发展"十二五"规划》将出版行业归为文化服务产业。出版服务，是由三类文化服务活动组成的：为读者服务、为作者服务以及为社会服务。出版行业以有形的出版物（纸质媒介或数字媒介）为载体，为三种服务对象提供服务：为读者提供教育、娱乐、工具等服务；为作者提供固化并宣扬其理论等服务；为社会提供知识传播、文化传承、推动进步等服务。

建立出版服务质量提升长效机制是保障出版服务优质高效的重要手段，对提高出版服务的水平、促进知识向生产力的转化、促进我国出版行业的健康发展、推动我国社会经济的发展、提升我国的国际竞争力具有重要的作用。

出版服务质量由两部分组成：有形服务质量（主要呈现为纸质或数字形态的出版物的质量）；无形服务质量（包括在"编、印、发"过程中与作者、读者、社会等相关方面发生的无形的服务关联的质量）。为保证出版服务的质量，出版企业内部应该建立完善有效的质量保证体系，如图1-1所示。对出版服务质量的评价——包括对有形服务、无形服务以及出版企业内部质量保障体系的评价——应逐步引入并加强由第三方进行的评价。

近年来，由于出版数量（尤其是品种数）增长较快、从业人员素质参差不齐，出版物结构性过剩与短缺、低水平重复出版等问题不断出

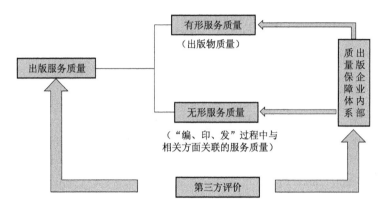

图 1-1 出版服务质量与出版企业内部质量保障体系及第三方评价的关系

现,出版物质量有所下滑。原国家新闻出版广电总局针对这一现状,先后将 2012 年定为"出版物质量规范年",先后将 2013 年定为"出版物质量保证年",并开展图书质量专项检查活动。2014 年,原国家新闻出版广电总局又开展了"出版物质量专项年"活动,着重开展了选题审核、成书质量检查和质量保证体系建设等方面的工作。对出版物的专项检查及抽查对提高出版物质量是有效的。但是,要从根本上解决问题,还需要形成系统的、科学的、标准化的服务规范和内部管理规程。

可见,出版服务质量评价的重要性日益显现。以图书为例,目前检查图书质量,往往看重的是编校质量(即图书差错率)或印制质量。然而,这是远远不够的。图书质量的高低,尤其是出版物的社会效益如何,主要取决于其内容质量。内容质量是出版行业文化服务功能的主要体现。就内容质量而言,对不同出版物的衡量标准不能一概而论:对于学术著作内容质量的评价,应该从创新性、前沿性、学术规范性等方面来做;对于大众图书内容质量的评价,应该从导向正确、语言优美、可读性强、引人入胜等角度进行;对于教材内容质量的评价,则应从思想性、科技性、教学实用性、体系完整性、语言规范性等方面来做。

本书立足出版行业目前存在的问题,以建立图书的内容质量评价指标体系为切入点展开研究,提出:建立出版服务质量评价指标体系、出版企业内部质量保证体系、第三方评价体系,通过认证的方式为作者、读者和社会提供透明的出版服务信息，制定出版服务质量评价的一般性标准，通过认证的方式为出版行业提供出版服务质量信号，保护读者和作者的权益。这对规范出版行业发展具有重要意义。

本章通过对典型出版社质量保证体系的构成、实施以及效果进行调研，主要关注质量保证体系存在的缺陷及问题，分析造成目前出版产品质量问题的根源，进而提出改进目前出版社质量保证体系的对策，并初步形成一套质量保证体系。

首先，对国内外文献进行调研。通过查阅大量国内关于出版产品质量问题及出版社质量保证体系的文献，笔者对目前国内出版产品质量研究的现状进行总结分析，找出文献中提及的共性问题及相应对策，为后续的实际调查提供信息支持。对于国外文献的调研，笔者则专注于国外出版企业质量保证体系的建设模式，借鉴其长处。

其次，发放调查问卷、回收问卷并进行分析。笔者对出版社编辑、校对、印务等与质量保证体系紧密相关的人群进行了抽样调查，通过对造成出版产品常见质量问题的因素进行调研，找出目前质量保证体系中落实不规范的部分或体系自身的缺失。

再次，案例分析。笔者收集了典型出版社的内部流程、规范文件，根据目前的《图书质量保障体系》，对比了各出版社文件对保证体系的执行缺位以及执行补充。通过对上述资料收集单位从业人员的访谈，在目标清晰的访谈大纲导引下，请被访谈人对本单位质量保证体系的实施效果进行了评价。

最后，本章将调查中发现的共性的问题——列出，并提出了相应的解决对策。

1.1　出版服务质量国内外研究现状

1.1.1　国内出版社全面质量管理体系研究

目前，对国内出版社图书全面质量管理体系的研究，一般基于

1997年发布的《图书质量保障体系》。出版社根据本社实际对质量保证体系的某些环节进行修订完善。比较有代表性的有人民卫生出版社的"九三一"质量控制体系、国防工业出版社的基于系统工程的图书质量控制体系、中国人民大学出版社基于品牌战略的图书质量管理体系。另外，还有学者针对质量保证体系的研究，如中国铁道出版社的陈若伟根据图书生命周期的各个环节进行的质量控制体系构建、华文出版社的李红强所做的出版企业的出版产品质量保障机制研究等。

1. 人民卫生出版社的"九三一"质量控制体系

人民卫生出版社经过长期的探索、实践和积累，不断结合医药图书编辑出版的实际工作，创新和完善图书质量管理体系，逐渐形成了具有该社特色的、完整的、操作性强的质量管理控制体系——"九三一"质量控制体系。

"九三一"质量控制体系包括：选题的"三次策划"——选题的"三级论证"——编写团队的"三级遴选"——稿件管理的"三次会议"——交稿、发稿、付型的"三个关口"齐、清、定——书稿的"三审制"——书籍设计的"三级审核"——清样的"三审三校"——书稿付型、样书、入库的"三段质检"——书稿编校"一对一"的质量互检互扣把关。这一体系基本涵盖了从选题策划到选题实施、从书稿审定到图书印装等各个环节，是一个完整的、操作性强的质量管理控制体系。

人民卫生出版社在质量保证体系上侧重于选题策划环节（即书稿成形之前），在选题策划、选题论证和作者选取方面做了充分的工作，以保证书稿的内容质量。从出版行业的特性来看，内容是一切的根本，该体系抓住了质量保证的根本。

2. 国防工业出版社的基于系统工程的图书质量控制体系

国防工业出版社的基于系统工程的图书质量控制体系提出应该从四个方面着手图书质量全面建设：宏观图书质量、中观图书质量、微观图书质量、出版人员质量。

1）宏观图书质量

宏观图书质量包括出版规划、出版计划等方面的质量。出版企业应该立足自身，坚持在专业分工、特色发展过程中逐步形成自我优势。

2）中观图书质量

中观图书质量包括选题策划、选题论证等方面的质量。出版企业应该从精心开展选题策划活动、严格执行选题论证制度、建立选题动态管理机制、培养作风严谨的作者队伍等方面保证中观图书质量。

3）微观图书质量

微观图书质量包括书稿审读、书稿校对等方面的质量，也就是通常意义上涵盖内容、编校、设计、装帧在内的具体的图书质量。出版企业应该牢牢抓住微观图书质量这一图书质量有形、直接的抓手，从一个个标点入手、从一个个字词开始，对微观图书质量进行把控。

4）出版人员质量

出版人员质量是图书质量的有效支撑，出版人员质量包括出版各类专业技术人员的质量。

3. 中国人民大学出版社基于品牌战略的图书质量管理体系

中国人民大学出版社基于品牌战略的图书质量管理体系从以下三个层面来体现。

1）高度重视质量管理工作，搭建完备的质量管理保证体系

（1）制度优先，于法有据。

在质量管理的规章制度方面，重点强调两点：第一，力求规范，所有规章制度都要于法有据，都要与国家的有关规定接轨；第二，结合出版社实际情况，力求实效。

（2）细化分工，明确责任。

规章制度要落到实处，最终都要靠明确的分工，将责任落实到部门，落实到个人。

（3）奖惩分明，有力监控。

各项规章制度均明确规定了各分社、部门、环节、岗位的质量管理责任，一般都有相应的奖惩办法。

2）强化流程管理，全面提升出版质量

（1）严把选题、组稿关，确保出版产品的政治质量、内容质量。

具体分为三项：第一，策划编辑的选题立项报告要重点论证说明选题的政治质量和内容质量；第二，出版社各分社必须组织相关领域内著名专家学者对选题和作品的内容质量进行严格审查，对重大项目须采取组织专题会议或匿名评审的方式确定其学术价值、社会价值；第三，出版社选题审批委员会召开会议，对所有上报选题进行审查批准。

（2）严把审稿关，确保出版产品的编校质量。

严格执行"三审三校一通读"制度，以此作为保证编校质量的根本基础。

（3）严把生产关，确保出版产品的印装质量方面工作。

具体分为：印前核片、印装工序、材料采购、样书送检、入库抽查。

3）提升编辑素质和编校技能，打造高质量的编辑队伍

制度再好，流程再规范，也要落实到从业人员才能发挥效力。

4. 中国铁道出版社的陈若伟根据图书生命周期的各个环节进行的质量控制体系构建

对于一本图书，从选题构思开始，经过项目立项、组稿写作、编辑加工、印制完成、上市销售、重印再版，直到最终图书报废这一系列过程，构成了图书的全生命周期，如图1-2所示。

根据图书的生产过程，陈若伟将质量控制过程设定为以预防为主的事前控制、以执行为主的事中控制和以保障为主的事后控制，全过程共分为3个阶段、8个环节。其中，事前控制包括选题构思、项目立项2个环节；事中控制包括组稿写作、编辑加工、印制完成3个环节；事后控制包括上市销售、重印再版、图书报废3个环节。该质量控制体系在将产品质量管理分解到生产过程的各个环节的基础上，对各环节执行部门或人员及相关评价和审核标准进行了强调。

5. 华文出版社的李红强所做的出版企业的出版产品质量保障机制研究

华文出版社的李红强所做的出版企业的出版产品质量保障机制研究，对出版产品质量把关的制度建设提出了7个方面的建议。

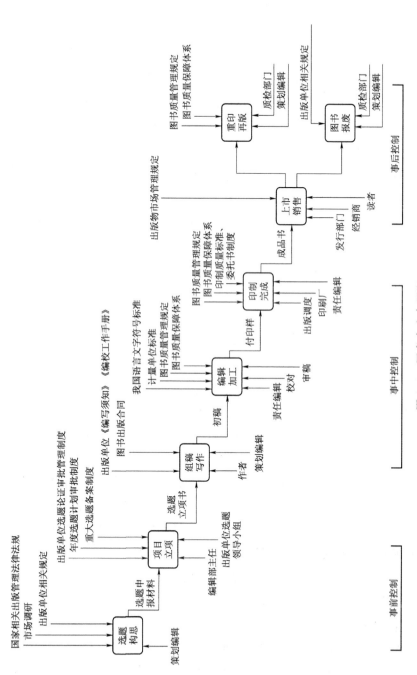

图 1-2 图书全生命周期

1) 建立健全出版产品生产流程

这一系统涵盖了图书从选题策划开发到印装完成、发行上架的全流程。概括起来，其基本流程为：编辑填写选题策划方案——选题论证委员会集中论证并做出决策——选题立项——编辑签署合同——责任编辑初审加工书稿——责任编辑开具设计通知单——排版设计——编辑部主任对完成加工的书稿进行二审——总编室申请书号——总编辑终审后的书稿进入校对——印制部门确定印厂并签署印刷协议——经设计部门完成排版设计、校对部门完成三校的书稿，编辑进行清样核红、比对胶片——出版印制部门进行印前复审（检查蓝样）——出版印制部门检查印厂预装书——印厂批量装订——质检部门检查样书——发行部门与印厂接洽入库——库房验收入库单并抽查入库图书——发行部门接洽运输公司并签署运输协议——发行部门督办各地书店上架发行——发行部门负责信息反馈——质检部门定量抽检。

2) 生产流程中各环节责任到人

3) 涉外合作务必要签署规范协议，明确责任权利

出版社对涉外校对、设计、印制、发行等事务，通常仅做口头约定，并不重视签署协议。在这种情况下，一旦出现质量问题，往往难以清晰划分责任。无论是建立现代企业制度，还是规范出版产品质量，签署正式协议都是最好的办法。这些协议主要是明确双方的责任义务和相关权利，并将可能出现的风险纳入其中。

4) 建章立制，确立通行的出版产品质量管理制度和质量标准

尽管国家行政管理机构针对图书质量制定了诸多质量管理规定，但鉴于时时提醒、随时对照的需要，出版社仍需制定一系列规章制度。这样既将国家的有关质量标准纳入其中，又可以增强对本社的针对性。

5) 在出版产品质量管理中实施特别措施

例如，各季度质量通报措施、图书质量相关资料归档制度、重点图书"特别管护"措施等。

6) 由人工转向智能，建设审批检测系统

在当前出版产品生产总量"野蛮"增长的情况下，建设简便可行

的审批检测系统，可以起到管理规范、提高能效的作用。

7）积极开展业务培训，不断提高编辑的工作技能

1.1.2　国内出版产品质量问题现状及原因分析

1.1.2.1　国内图书质量问题现状及原因分析

1. 国内图书质量问题现状

2004年12月9日，原新闻出版总署第4次署务会通过的《图书质量管理规定》规定，图书质量包括内容、编校、设计、印刷四个方面。此外，图书作为一种与消费者密切相关的商品，更应该注重读者的需求，以最大限度服务消费者为目标，全面提高图书质量。因此，我们将"服务"纳入图书质量考察范围，从以下五个方面进行文献调研。

1）内容方面存在的问题

（1）图书出版产品选题质量不高，同质化选题过多。

图书是一类特殊的商品，既具有普通物质产品的特性，又具有精神产品特有的社会属性，是一种思维形象成果的产品，能直接影响读者的思想意识形态。选题策划是编辑出版工作的第一个环节，选题的策划和组织已经成为出版社的核心竞争力之一。然而，部分出版企业在选题策划这一环节上充满盲目性和随意性，在确定选题时未考察选题与出版企业的出版定位、出版宗旨是否一致，仅从出版利益的角度出发，导致选题商业化、庸俗化现象频现，造成出版的图书品种混乱，在经营上出现恶性循环。

受到市场需求的推动和经济利益的驱使，出版企业为了抓热点、赶进度，常常忽略图书的品质，跟风出版畅销书籍，造成过多书籍的题材雷同。然而，同质化选题不具有创新性，出版企业在跟风出版时也不会过多考虑图书的写作质量，只是为了在一定时期内快速抢占市场，这样的图书不具有收藏性，缺乏出版价值。

（2）图书出版产品内容粗糙。

内容是图书的灵魂。如果学术著作不能实现内容的创新性、前沿性、学术规范性，大众图书不能保证导向正确、语言优美、内容具有可读性等，教材不够注重科学性、教学实用性、语言规范性，则不能保证

出版产品的质量。图书出版产品选题质量的低下可直接导致图书内容的粗糙。任何一本图书都独具特色，我们难以对其做出具体评价，现行的《图书质量管理规定》也未对内容质量制定出具体的执行标准。同时，出版企业过于追求规模的扩大和经济效益的提升，导致出版企业的质量管理水平较低。为了迎合读者的口味，出版企业常常忽略其自身的出版宗旨和图书内容的社会效益，在这种状态下出版的很多图书往往不能顺应于社会和文化发展的趋势，难以给读者以启迪、激励和鼓舞。一些格调不高、内容不健康的图书在市场上大肆流通，这在很大程度上影响了整个出版行业的图书质量。

（3）图书出版产品抄袭现象严重。

抄袭是指将他人作品的全部或部分窃为己有并发表的行为。抄袭行为严重侵害了原作者、出版者和读者的利益，不仅是一种不道德的行为，而且是一种违法行为。我国司法实践中认定剽窃（抄袭）一般遵循两个标准：第一，被剽窃（抄袭）的作品是否依法受《著作权法》保护；第二，剽窃（抄袭）者使用他人作品是否超出了"适当引用"的范围。关于"适当引用"的数量界限，我国《图书期刊保护试行条例实施细则》第十五条明确规定："引用非诗词类作品不得超过 2 500 字或被引用作品的十分之一""凡引用一人或多人的作品，所引用的总量不得超过本人创作作品总量的十分之一"。虽然现行法律在数量上对抄袭做出了严格的界定，但在实际实施中却由于图书的特殊性而难以执行。随着信息化时代的来临，加之名利的诱惑、职称评聘和各种绩效评价的需要，抄袭之风渗透到了图书、报刊等各个领域，并有愈演愈烈之势。

2）编校方面存在的问题

（1）知识性差错频现。

知识性差错指的是文稿涉及的相关知识不正确。例如，由于作者笔误、记忆失误、电脑录入错误，而事后没有被改正等原因，书稿或文稿中的人名、地名和事件名等出现的"张冠李戴"现象；由于书稿或文稿的作者书写错误，或者写作思路不清晰、理解存在偏差、逻辑思维不缜密、用词不当等造成的文字表述上的失误；由于作者专业知识水平、语言表达能力不足而造成的概念性差错；由于作者使用过于陈旧甚至过时的、不适用于当前状态的资料而导致的差错；由于作者引用古人作品不准确、重大历史事件相关信息（时间、地点、人物等）有误等差错。知识性差错不仅会影响书籍报刊的质量、对出版企业的社会形象产生不良影响，而且会误导读者、损害读者的合法权益。尤其是在教材教辅这一类强调语言规范性和教学实用性的图书中，知识性差错更是不容小觑。

由于出版企业追求出版速度，在审稿校对方面有所松懈，所以出版产品在历史、地理、自然、科技、音乐、美术等学科领域的知识性差错频繁出现。

（2）图书出版产品形式差错频现。

近年来，我国图书在编校过程中的形式差错与 20 世纪七八十年代相比有较大幅度的下降，但仍然有许多达不到国家质量标准要求的图书充斥市场。

原新闻出版总署在 2011 年的"出版物质量管理年"专项检查活动中抽查了 1 396 种图书，在编校质量方面有 1 311 种图书合格、85 种图书不合格，合格率为 93.91%。那些编校不合格图书多数表现为出版产品形式差错。文字排版差错、字词拼写差错、不符合标准的文字差错与逻辑性差错等现象也呈明显上升的趋势，图书中的错别字、多字漏字、文字颠倒、外文字母和汉语拼音拼写错误等也时而出现，而引证不实、滥用术语等问题更加凸显。不符合《图书质量管理规定》中差错率规定的图书也频频出现，图书市场中以次充好的现象严重。

2004 年，原新闻出版总署第 4 次署务会通过的《图书质量管理规定》明确指出：经检查属编校质量不合格的图书，差错率在 1/10 000 以上 5/10 000 以下的，出版单位必须自检查结果公布之日起 30 天内全部收回，改正重印后可以继续发行；差错率在 5/10 000 以上的，出版单位必须自检查结果公布之日起 30 天内全部收回。

3）设计方面存在的问题

（1）图书整体设计意识淡漠。

图书形式设计包括封面设计和正文版式设计等。封面设计包括封面色彩设计、封面文字设计以及图形设计。正文版式设计包括版心、图案、字体字号、页眉、页码等内容。图书形式设计作为图书的外观装饰，是吸引读者的第一要素。较之十年前，当下的图书整体呈现出"视觉美学"的转换，设计越来越时尚美丽，印装越来越精致考究，表现出情趣化、生活化的审美风格。

然而，当下在图书形式设计中存在一个误区：图书形式与内容严重背离，设计游离于内容之外。图书形式设计的第一个要求就是要与图书内容相符。然而，由于有的出版社为了尽可能地吸引消费者眼球，所以部分图书呈现出"文胜于质""形式大于内容"的过度包装现象，甚至表现出设计师过于追求原创性和个人风格的情况，这在一定程度上伤害了图书应有的品质和价值内涵。同时，随着多元文化的渗入，版面设计给予了设计师更多的想象空间，有些设计师费尽心思地想让图书的每一页都有风格、有创意，却忽视了图书整体风格的统一，使图书的设计在整体上看起来非常混乱。

（2）视觉元素泛滥。

随着科技的发展和生活节奏的加快，现在好多人厌倦了文字阅读，进入了不断用图片刺激眼球，从而激发其求知欲的时代——读图时代。越来越多的读者开始接受"读图"概念，图片的使用也似乎成了一种流行，而其真正的价值却逐渐被掩盖、扭曲。图片的运用原本是为了让页面更美观、内容更生动，现在却渐渐使得原文失去了应有的严谨，有的图片甚至形成了视觉障碍。同时，伴随着对经济利益的追求，各个出版企业争相出版图片集、画册等，有些产品粗制滥造，成为视觉垃圾，降低了图书设计的整体水平，也对读者的审美造成了误导。

（3）电脑设计的误区。

随着信息化时代和科学技术水平的提高，电脑的广泛使用为设计师带来了更多的创作可能性和更宽广的创作空间。同时，倒影、模糊、透明等效果被千篇一律地运用在设计中，造成了设计元素的堆积。此外，很多设计师对文字过度设计，忽视了对文字间距、图文排列等的考虑。

（4）图书设计过于简陋。

有些出版企业或为了节约时间成本，或为了节约经济成本，使图书设计流于形式，造成有的设计不能很好地达到吸引读者的效果，甚至过于粗糙简陋，有的设计则严重影响了图书的印刷质量。

4）印刷方面存在的问题

《图书质量管理规定》第十八条指出：对于印制质量不合格的图书，出版单位必须及时予以收回、调换。

然而，受到经济利益的驱使以及图书出版周期的限制，许多印刷企业为了降低经济成本、缩短印制时间而不惜降低印刷质量，导致一些图书出版产品（尤其是需求量较大的教辅类图书）散页脱页现象严重，墨色不均、色相不一致等现象也时有出现。

环保指标也是印刷方面应关注的问题。江苏省出版物质量监督检查中心于 2014 年 6 月对儿童图书和平版印刷纸质儿童玩具的环保质量进行抽检，随机抽取了 60 种产品，包括中小学教辅 20 种、儿童图书 30 种、平版印刷纸质儿童玩具 10 种。结果发现，这三类产品中均有 4 个品种的环保指标不达标，而不达标的原因是印刷油墨和 UV 上光油稀释剂的不合理使用。

5）服务方面存在的问题

图书作为与消费者密切相关的一类商品，更应该注重消费者的需求。出版企业应以最大限度服务消费者、令消费者满意为目标，全面提高图书质量，为消费者提供合格优质的产品，满足其提高素质、享受阅读、审美愉悦等多种要求。

然而，目前图书出版行业较多地关注图书的出版销售环节，很多出版企业忽视了与读者的互动、顾客参与和反馈环节：在图书销售前，没有为读者提供有效的引导、沟通和介绍等售前服务；在图书销售后，没有为读者提供合理有效的反馈渠道等售后服务。顾客参与的图书出版产品销售服务严重缺失，读者需求得不到有效满足、顾客参与程度较低。

2. 国内图书质量问题原因分析

1）出版企业外部的问题

(1) 缺乏有效监督机制。

尽管我国出台了《中华人民共和国产品质量法》《出版管理条例》《图书质量保障体系》等，原新闻出版总署于 2004 年通过了《图书质量管理规定》，它们对图书出版产品在出版流程的各个环节都有明确的规定，形成了比较完备的监控图书出版质量的政策基础，但由于图书的特殊性，对其质量认定难以制定明确的标准，对违反质量规定的行为也难以制定明确的界限认定。虽然相关条例众多，但各种管理条例发挥作用的程度仍然有限。同时，各种管理条例在图书质量出现问题时的责任认定以及奖惩措施都比较模糊，缺乏有效的监督机制和合理的奖惩考核制度。因此，在一定程度上，各种管理条例没有在提高图书质量的过程中发挥应有的作用。

同时，随着我国出版行业的急速繁荣和急剧膨胀，出版企业的数量大幅上升，图书出版产品的数量也不断增加。虽然图书质量监管部门以各种管理条例为依据对各个出版企业进行监控，但难以做到"严抓"，从而导致出版企业放松对图书质量的监管。

(2) 作者队伍水平参差不齐。

图书出版产品要保持较高的质量，就必须有一批水平较高的作者。同时，一本图书吸引读者的最大因素是图书的创新性，而创新性在很大程度上也取决于作者的学识和水平。然而，目前某些不正之风渗透到了学术界，造成作者队伍的水平参差不齐，名利的诱惑、职称评聘和各种绩效评价导致许多作者关心的是书号而不是图书本身，从而导致图书质量低下。

(3) 读者购买心理不成熟。

读者购买图书通常具有求知、求实、娱乐、时尚、传统、求廉、求便、求美等心理。读者的信息来源主要有商业来源、个人来源、公众来源和经验来源，而商业来源是最大的信息来源。出版企业属于信息的商业来源。有的读者过度依赖出版企业及其他图书宣传媒介，完全相信其介绍和宣传内容而缺乏自己的独立判断能力。这就使得一些出版企业为了其经济效益，利用读者不成熟的购买心理，将一些质量不高的图书的信息传递给读者来获得经济效益。这给轻视质量的出版企业和错误观念提供了市场。

(4) 出版资格考试制度不完善。

出版资格考试是国家对专业技术人员从事出版专业活动的一种资格认证。考生通过相应的出版专业资格考试后，就有了从事出版工作的"上岗证"。实施出版专业技术人员职业资格制度是深化出版行业人事制度改革、提高从业人员素质的必然选择。然而，出版资格考试存在一定的制度缺陷，没有有效的培训机制，从而导致具有从业资格的编辑人员过少，呈现出供不应求的状态。

与此同时，转企改制使出版企业出现一定程度的人才流失。随着市场化程度的深化和经济压力的增大，出版企业需要对成本进行控制，导致编辑入职的资质门槛降低。在一些中小出版企业，编辑队伍以没有出版从业经历和职业资格的新人为主。

2) 出版企业内部的问题

(1) 图书质量意识不强。

在经济发展的驱动条件下，一些出版企业过度注重出版规模的扩大，加快速度超能力生产，盲目注重短期效应，缺乏对内容质量的监督审查和评价，没有建立全员参与的监督机制，使责任监管流于口号、流于形式，不能得到强有力执行。在市场竞争和经济指标的双重压力下，有些出版行业从业者的质量意识、责任意识薄弱，没有真正意识到图书质量的重要性，缺乏对图书负责、对出版企业负责、对读者负责的工作态度。

(2) 编校制度不完善。

对于图书出版行业来说，编校质量是决定图书质量的关键。近年来，在图书出版产品的编校质量上，部分出版企业为了追求短期效益和眼前的利益，违背了出版规律。例如，有些出版企业在作者交稿采用电子稿的情况下，轻视校对工作，使校对人员力量弱化，甚至完全依赖外部校对力量；有些出版企业在编校力量不变（甚至减少）的情况下，一味加大出版的品种和数量；有些出版企业为了减少人员成本而撤销校对科，实行编校合一，初、复审合并或复、终审合并；有些出版企业随意安排和调整复审、终审，或不考虑专业对口，导致了外行审稿的情况出现。编校制度的不完善，最终使三审三校制流于形式，也使图书的编校质量失去了根本保障。

(3) 编辑人员方面的原因。

在我国，图书编辑人员同时担负着选题策划、书稿加工和内容指标的责任。在这种制度下，编辑人员在对选题和文稿内容质量的提升以及一定的经济指标上难以兼顾，在有限的编辑资源与快速增长的生产能力之间存在供求矛盾，从而导致图书出版产品质量下降。

编辑作为图书出版企业核心力量之一，对提高图书整体质量起着至关重要的作用。由于编辑入职的资质门槛较低，有些出版企业在选择编辑人员时未能严格把关，对入职的编辑人员没有进行严格的业务培训来提高其业务水平、提高图书质量意识，从而导致有些出版企业缺乏高素质的策划编辑和审稿编辑。在我国目前的国家教育体系中，出版专业人才培养相对薄弱。有些编辑人员自身的文化水平、政治水平、业务水平和职业道德水平比较低，在选稿、审稿时未能完全坚持正确的导向，未担负起传播物质文化和精神文化的责任；还有一些编辑人员为了提升经济利益，在图书出版的过程中未履行职责，未对图书出版严格把关，甚至过分迁就作者通过出版图书以便达到评职称、结课题、计算工作量等功利性目的，以致放弃图书质量这一主导性要求。

(4) 对读者需求了解不明确。

读者是出版产品的阅读者和消费者。关注出版产品的质量，就是要为读者提供优质的产品，满足读者在求知、阅读、审美和消费等方面的多种需求。具有以读者为中心、倾听读者的呼声和需求、对不断变化的读者期望迅速做出反应的能力成了出版企业成功的关键。出版企业应当通过多种渠道加强与读者的沟通和交流，明确读者的需求，出版更加能丰富读者精神文化生活的图书。

然而，图书出版目前以出版企业和作者为中心，忽略了图书最重要的受众群体——读者。目前，国内关于出版产品的第三方监督机制的有效研究几乎是空白。由于缺乏读者群体的评价和反馈机制,出版企业对读者的想法不够明确,选题策划、组织书稿未能面向读者,装帧设计难以适应读者,审稿和编辑加工难以引导读者,宣传、营销难以服务读者,从而忽视了读者对图书质量的真正需求。

1.1.2.2　国内电子出版产品质量问题现状及原因分析

1. 国内电子出版产品质量问题现状

1）内容方面的问题

(1) 电子出版产品的内容质量差。

随着电子出版产品在品种数量和读者使用量方面的快速增长以及各类技术的发展,在网络媒介条件下,电子出版产品内容质量更加难以保证,优质内容的短缺成为电子书发展的最大"瓶颈"。有些电子出版产品内容只有题名页、版权页等而没有实际内容,还有些电子出版产品中含有不健康内容等,从而严重破坏了电子出版产品市场的秩序。

(2) 电子出版产品的数据严重重复。

电子运营商为了快速占领市场、谋求利润,不惜一切代价追求产品数量的增长,甚至出现了拆书制作以便扩充数量的手段。这种将同一本书分成几本书制作或多次分集的手段,导致无论用"书名+ISBN 完全匹配",还是用"书名完全匹配"查重,都无法剔除一本书的重复数据。

2）版权方面的问题

(1) 国际标准书号（ISBN）问题。

ISBN 是专门为识别图书等文献而设计的国际标号,是图书馆检验电子出版产品合法性的最重要的标志。但是在很多电子出版产品生产商提供的浏览页面上,缺少 ISBN、ISBN 不符合规则、同书异号、同号异书等问题频频出现,严重影响了读者对电子出版产品的阅读,也违反了国家的《版权法》和《著作权法》。

(2) 出版发行问题。

版权涉及作者、出版者、发行者和读者等各方的利益,因此,版权问题是电子出版产品最核心的、最迫切需要解决的问题。目前,电子出版产品在出版发行方面也出现一系列问题,如出版社不详、出版社与实际不符、出版日期缺失或错误、题名页与版权页著录不符等。

3) 编辑方面的问题

电子出版产品编辑质量的高低直接影响到读者对电子出版产品的使用。目前,电子出版产品在这方面的问题层出不穷。

(1) 校对方面。

2012年3月,人民出版社与上海理工大学联合对各类电子出版产品内容进行了一次质量抽查,结果显示,电子出版产品样本的平均差错率达到了6.02/10 000,远远超过了《图书质量管理规定》的标准。在电子出版产品中,各类形式的差错屡见不鲜。对于电子出版产品,除了传统书籍可能出现的知识性差错、形式性差错,还存在其他一些问题,如链接错误等。

(2) 目录方面。

很多电子出版产品存在无目录、目录位置混乱、有标题无页码等问题,在读者心中形成不良的第一印象,甚至使读者对其可信度和严谨性产生怀疑,从而严重影响了读者对电子出版产品的阅读。

(3) 排版方面。

电子出版产品存在横版和竖版设置不当、版心(页面中主要内容所在的区域)宽度不一、页眉页脚设置不当、左右边距不合适等问题,这些问题给读者造成了电子出版产品制作不精良的印象,也给读者带来了视力疲劳等负面效果。

(4) 字体方面。

由于电子出版产品是利用电子设备通过阅读器呈现给读者的阅读方式,字体的设置直接影响读者的视觉效果。有些电子出版产品的字体过小,读者需要进行多次调整才可以阅读,非常不方便;有些电子出版产品的字体过大,不符合读者的阅读习惯。此外,电子出版产品的字体还存在样式无规律、字体颜色前后不一致等问题,给读者带来诸多不便。

(5) 页码方面。

许多电子出版产品缺少页码,读者只能通过浏览器附带的浏览页码确定其大致位置，还有一些电子出版产品存在页码标注混乱、页码不清晰、页码残缺、页码位数不一致等问题，也给读者的阅读带来许多负面影响。

2. 国内电子出版产品质量问题原因分析

1）思想、认识存在误区

一方面，一些传统出版企业的数字出版从业人员对数字出版认识在整体上比较滞后。有些人认为电子出版产品出版无须再进行审稿和编辑加工；有些人则认为电子出版产品出版完全依靠技术人员，传统编辑无须参与。这些简单片面的认识导致编辑的角色和作用被弱化，电子出版产品未经编辑认真审读和严格把关就被投放市场，因此质量低下。

另一方面，不少电子出版产品出版企业出于开发成本的考虑，简化甚至忽略编校环节。有的出版企业仅凭几个技术人员就进行电子出版产品的出版，或者完全外包给技术开发商，忽视了自身审读、编校的职责，导致了电子出版产品的高差错率。

2）电子出版产品质量监管难

相对于传统书籍比较固定的形态，电子出版产品作为一种新兴事物，形态日益多样化，快速的技术升级和技术更新给行业制定统一、规范的质量标准带来了很大的困难，不利于对电子出版产品质量进行监管。

3）电子出版产品文档版本混乱

出版企业在电子出版产品的制作加工过程中，对图书原文件往往保留得不齐全，并且版本复杂多样。这些不同版本的文件具有不同的格式，在转换过程中不具有兼容性，若处理不当就会导致各种差错的产生。

4）电子出版产品制作公司良莠不齐

当前从事电子出版产品加工制作的公司众多，这些公司往往鱼龙混杂、良莠不齐，其中也不乏缺少先进技术、责任意识和敬业精神不强的公司，从而对制作出来的电子出版产品质量也难以保证。

1.1.2.3 国内期刊质量问题现状及原因分析

1. 国内期刊质量问题现状

1) 内容方面

(1) 内容参差不齐。

对于期刊来说，其内容要求文稿有更高的学术品位和严谨性。由于来稿作者的素质参差不齐、编辑选稿疏漏，很多不具有科学性的期刊文章得以发表，从而传递出错误的学术信息，影响读者获取正确的知识。

(2) 政治导向错误。

作为肩负繁荣社会主义科学文化重任的社科学术期刊，在宣传主导方向上符合办刊宗旨是需要高度重视的首要环节。政治性差错一般比较少，主要包括方向性错误、观点性错误、政策性错误，在工作中具体表现为国家名称、地区名称、人物名称、重大事件名称等信息因录排误植造成的政治性差错。

(3) 知识性差错。

知识性差错是指文稿中涉及的相关知识不正确。按其形成的原因，可分成两种类型：对知识的不了解而造成的错误；张冠李戴、表述不准确引起的笔误。

(4) 逻辑性及口语化差错。

由于长期以来人们对语言表达多是从语法的角度进行差错分析，少有思维层面的逻辑分析，因而经常出现逻辑性错误。逻辑性错误可以分为概念、判断、推理及编辑思维基本规律等方面，如概念错用、概念不明、判断歧义、主谓失当等。

在学术期刊的稿件中，有些文章的观点有很强的创新性，但作者的文字表达能力不强，经常会出现口语化的差错，如"了""的""这""那"等虚词使用过多。尽管这类表达不属于重大差错，却影响了期刊文章的可读性。

(5) 低水平重复现象突出。

科技期刊数量的增长自然是与我国科技发展的步伐相一致的，目前，期刊同质化严重和低水平重复的现象比较突出。同一学科重复办刊,造成同类期刊过多,一方面稀释了学科的科学贡献,另一方面为低水平论文提供了平台,从而进一步降低了期刊质量。

2) 编校方面

在编校方面出现的差错主要有文字差错、词语差错、语法差错、数字用法差错、标点符号差错、编排格式差错等。文字差错主要表现为错别字;词语差错主要表现为误解词义而错用词语、异形词选用不当、错用成语等;语法差错主要表现在病句,即违反语法规律、违背逻辑事理、不合语言习惯的语句,如词性误用、数量表达混乱、指代不明等;数字用法差错出现得较少,期刊中的数字使用应该按照 GB/T 15835—1995《出版物上数字用法的规定》规范使用;标点符号差错主要有"一逗到底"、句号多用、连接号使用错误等,标点符号应该按照 GB/T 15834—1995《标点符号用法》规范使用;编排格式差错主要有目录与正文标题不统一、栏目的设置与对应的内容不一致、图表与下方文字不配套、作者简介信息不全等。

3) 设计方面

版式是期刊形式的重要组成部分。期刊作为知识的载体,其内容决定了版式的设计形式。很多期刊在字体字号、配图、表格的规范设置方面存在较大的缺陷:有些期刊的字体字号不能给读者舒适的阅读感觉,也不能体现期刊的办刊风格;有些期刊的图片比例、灰度及位置不合适,还有些比较严肃的期刊采用不符合风格的较为活泼的版面构图;有些期刊的表格字号、比例前后不统一,在版面上的位置不恰当。这些在设计中出现的问题也会影响期刊质量。

4) 印刷方面

目前,多数期刊采用单色印刷,表现为黑白灰三色,也有一些期刊尝试彩印。铜版纸彩色印刷比较精美,但成本较高。有些质量较低的期刊印刷色调调配得不合适,在装订方面也出现了缺、损、折、倒、白页等问题。

5) 服务方面

(1) 稿件处理时效性不强。

一些期刊出版企业在处理来稿上还没有做到完全电子化处理，再加上人员有限，导致收稿和分稿的间隔期较长，延缓了编辑初审的时间，也导致整个稿件处理流程时间过长、时效性差，影响了作者的投稿情绪。

（2）缺乏有效的反馈。

有些期刊出版企业没有为作者提供信息交流的平台，不能做到百花争鸣、信息互通；还有些期刊出版企业不能为读者提供针对性的服务，使读者不能及时将自己的建议和意见反馈给期刊出版企业或者作者，不利于扩大期刊文章的影响力。

2. 国内期刊质量问题原因分析

1）期刊出版企业的内部原因

（1）期刊出版企业观念错误。

期刊市场化的推进，也催发了期刊的经济行为。有些期刊受经济利益驱动，降低发表要求，以增加页码或多发增刊为手段增加收入，甚至有些核心期刊利用核心期刊的有利身份，任意抬高发表费，无视稿件质量，或者干脆没有审稿环节。商业化运作容易引发以发表低水平稿件换取经济利益的现象。

（2）经费不足制约发展。

有些期刊主办单位对期刊缺乏足够的重视，期刊编辑部存在严重的经费不足现象。受限于此，很多可以开展的工作和活动不能正常进行。而编辑部经营能力欠缺以及缺乏相关的经营人员或经营能力不足，导致经营活动收益非常有限，难以支撑很多提升学术质量的活动。

期刊出版的环境和现状也影响到高端人才的引进，从而阻碍了期刊的进一步发展。除了在经费方面存在的窘迫局面对吸引优秀编辑造成的不利影响外，期刊编辑待遇低于其他部门的同级人员，其职业认同感、成就感低，也影响了期刊质量的提升。

（3）编委会作用发挥不够充分。

例如，科技期刊的主编多为兼职，根据对编辑部的一项调查可知，仅有25.9%的主编直接参与日常工作。另外，期刊的编委会在期刊实际运作中的参与度也比较有限。因此，实际上大部分编辑部承担了主编和编委会的部分职能，不仅要完成出版流程、服务读者和作者，更需要在把握科学前沿、发展规划等方面有长远的计划和具体的实施步骤。显然，仅凭编辑部的力量难以实现期刊质量的显著提升。

（4）小作坊式运行阻碍期刊发展。

小作坊式运行、缺乏规模效应是制约期刊质量提升的重要障碍之一。无力开展期刊品牌推广、期刊传播能力不足等问题与期刊小规模运作有密切关联。

2）期刊出版企业的外部原因

（1）期刊文章的作者观念不正确。

科研人员发表论文的目的可以归纳为交流研究成果、争取科学发现优先权、推动研究的深入、晋升的需要及获得经费支持等。鼓励科研人员在国际期刊上发表论文的初衷毋庸置疑，因为可以加强国际交流、增加中国科学的国际显示度，但在实际中，发表 SCI 论文的数量及发文刊物的等级常常被作为科研人员晋升职称、申请科研基金、评价学术成绩等的重要（甚至唯一）指标，这样就会迫使科研人员不得不过度追求发表 SCI 论文。

（2）学术交流参与度低。

对学科专家进行的问卷调查显示，96.1%的学科专家通过电子文献（含期刊、会议论文、报告等）获取科研资源，阅读传统纸质文献的比例仅占 53.5%。同时，网络开放资源虽然不是公共渠道提供的正式资源，但对于科研人员而言，仍然是一种非常重要的交流手段，52.2%的人利用网络开放资源来获取科研信息。

学术期刊作为学术交流的一种载体，需要适应新的学术交流方式。目前，我国大部分学术期刊的办刊手段仍然比较落后，学术交流的参与度普遍较低，科研服务的意识和能力明显不足。这导致编辑部不能及时获取最新的科研动向，难以准确了解期刊读者和作者的需求，难以充分获取优质稿源。

（3）学术规范建设欠完善，执行不到位。

学术规范建设是当前中国学术界（包括期刊界）面临的主要任务之一。学术规范关乎期刊的学术公信力，也是学术期刊质量建设的重要环节。

首先，论文评审质量难以保证。编辑部问卷调查显示，虽然绝大部分期刊采用了同行评议的审稿方式，但审稿标准的建设则显得滞后，约19.7%的期刊编辑表示所在出版企业并没有制定完善细致的审稿要求。

其次，学术不端行为控制力度不足。编辑部和学科专家调查显示，目前，期刊领域比较突出的学术不端行为主要有一稿多投、同一学术成果重复发表、故意隐匿重要参考文献、抄袭剽窃等形式。虽然各种各样的学术不端行为给编辑部造成了极大的困扰，但只有极少数编辑部能够对学术不端行为进行公开处理，这无疑给期刊的质量建设带来了巨大的压力。当前，我国学术期刊领域对防范和处理学术不端行为还没有形成普遍可操作的行业制度。

（4）学术质量受制于学科发展水平。

期刊的学术质量与学科发展水平密切相关。科研水平的提高在一定程度上可以促进该学科学术期刊的发展。对于以立足国内、面向国内市场为主的学术期刊，其学术质量的基础是该学科的发展水平，学科发展水平的滞后将使期刊面临稿源不足、难以维系的困境。

（5）科研评价导向失当引发优质论文外流。

为了追求在高影响力期刊发表论文，我国学者在投稿时往往首选国外高影响力期刊，从而造成优秀稿件外流。长此以往，国内期刊将无法获得优秀科研成果的首发权，其内容质量和学术影响力将难以提高。

1.1.2.4 国内报纸质量问题现状及原因分析

1. 国内报纸质量问题现状

1）内容方面

（1）内容同质化。

《报纸质量管理标准（试行）》及《报纸编校质量评比差错认定细则》中关于内容质量要求的内容包括：真实性、稿件质量、版面容量、标题、栏目设置。内容质量是决定报纸生存的关键问题，只有充分保证报纸的内容质量，才能吸引读者，保证报纸的销量。

早在2012年，我国报纸出版种数就已达1 918种，总印张数达2 211亿印张，可谓品种众多、数量庞大。然而，朱伟峰的研究表明，目前报纸"同质化"现象比较严重，同类竞争非常残酷，即使一些发行量较大的都市类报纸也难免于此。随着报纸类型的增多，细分市场已经成为竞争中不可避免的趋势。对于相同的新闻素材，报社应当通过不同的观念、视角、方式进行解读，从而避免同质化的影响。

（2）政治导向错误。

对于多数报纸来说，资讯性是其最重要的功能之一。因此，将正确的信息传递给读者是报纸最重要的使命之一，而政治导向则是这一切的基础。从报纸的发展历史上看，报纸最初即以为官方传达政令为目的的。虽然随着时代的发展，报纸的内容日益丰富，但是正确的政治导向依然是不可或缺的。目前，各种传媒都在一定程度上影响着国际格局以及社会，报纸也在一定程度上影响着一些事件的发展。政治导向错误在出版发行的报纸中偶有出现，掺杂在报纸市场中鱼目混珠。这类问题虽然出现不多，但对读者的阅读体验以及社会的发展都会产生很大的不良影响。

2）编校方面

1997年颁布的《报纸编校质量评比差错认定细则》把报纸的文字编校质量分为两大内容——依法出版情况、语言文字编校质量，并建立了总分为100分的计分机制。其中，依法出版情况满分为20分，凡某项不符合要求，则根据扣分标准直接从总分20分中扣除，不另行折算；语言文字编校质量评比满分为80分，按差错率换算最后的得分。

2007年年初，原新闻出版总署报刊司委托中国产业报协会进行的一次针对全国行业报纸文字编校质量检查结果显示，行业报编校质量并不理想。例如，某时尚类报纸的文字差错率高达27/10 000，远远超出了国家规定的3/10 000。这项检查在一定程度上反映了部分报纸编校质量有待持续提高的情况。中国产业报协会会长曹恒武认为，造成报刊文字差错率较高的主要原因可以分为四点：报社重视经济利益轻视社会效益；报社求多求快难以保证质量；编校人才匮乏；报社缺乏必要制度。

3）印刷方面

随着网络和互联网技术的发展，人们的阅读习惯也在逐渐改变。报纸这种以新闻传播、快速消费、廉价为特点的传统纸质媒体，在原有基础上提高印刷质量是增强产品竞争力的必要手段。在印刷过程中，印刷设备在很大程度上决定了印刷质量。近年来，我国各级报社印刷厂基本上实现了印刷设备的更新换代，印刷质量也得到了普遍提升。

但是，想要得到高品质的印刷质量，仅仅更换新设备是不够的。《中国报业协会印刷工作委员会报纸印刷质量要求及检测办法》将对报纸质量的检测主要分为图片、题字、墨色、外观四个大项。在目前的印刷过程中，往往会存在油墨问题导致的报纸版面污染、不良纸张影响产品外观、印前制作不合理影响印刷质量等情况。针对这些在印刷过程中存在的问题，我们需要从技术层面进行分析和解决。

4）广告方面

《报纸质量管理标准（试行）》及《报纸编校质量评比差错认定细则》中规定：报纸刊登的广告内容必须真实、可信，语言文字必须文明、规范，不得刊登虚假广告，不得违反社会公德或损害国家利益。此外，报纸广告应设计得美观、健康。2010 年，我国报刊广告营业额总计达 413.7 亿元，占全国广告营业额的 17.68%。由此可见，广告作为报刊区别于其他出版产品的特点之一，已经成为报社盈利的重要手段。

在报纸广告繁荣发展的背后，也存在一些问题。近年来，随着互联网、电视在广告市场的飞速发展，报纸广告的刊登额连续下降，加之报纸阅读率下降、广告效果不佳等原因，报纸广告的市场越来越小。在内容方面，报纸广告大都涉及汽车、房地产等行业，产业结构单一，导致报纸广告市场抵御风险的能力差。此外，报纸广告还存在视觉干扰过多甚至干扰读者注意力的问题。同时，报纸广告生命周期过短也造成了一定的资源浪费。

5）服务方面

报纸作为一种商品，不可避免地和读者、客户有着密切的联系。

《报纸质量管理标准（试行）》及《报纸编校质量评比差错认定细则》中即对报纸的社会信誉质量做出规定，认为报纸应在读者中建立良好的形象和信誉，报社必须满足读者和客户的正当要求。

肖云通过对服务产品的研究以及对服务产品的四种特性（无形性、不一致性、不可分性和不可贮存性）的分析，得出结论：报纸属于服务产品。同时，他还归纳出媒介新闻传播的两个层次，分别是媒介直接产生的产品以及广告服务产品，而报纸则同时具有这两个层次的产品特征。在报纸行业的实际发展中，随着读者市场的细分以及广告商对特定目标市场的需求，越来越多的服务类专刊和专版已经出现。这些服务类专刊（版）对设计特定群体的服务类信息进行了细致深入的报道，办出了特色和品牌，在市场生存和信息传播上效果显著。例如，一项针对经济类专业报纸《中国证券报》的调查显示，该报在15个城市的平均每期读者数量超过120万人。这也从侧面显示出服务对于报纸的重要性。

然而，报纸作为一种服务产品，它的服务质量并未受到足够的重视，现有的服务质量理论还未在报纸行业得到应用。目前，报纸服务质量的发展情况参差不齐，张毅总结了经济类报纸服务功能的五大误区：

a. 专业性与易读性的矛盾突出。

b. 记者和编辑的选题市场化意识淡薄。

c. 报道视角狭窄，信息量少。

d. 在同质化影响下出现定位误区。

e. 娱乐化倾向凸显。

2. 国内报纸质量问题原因分析

1) 报社的外部原因

（1）监督机制陈旧。

虽然原新闻出版总署在报纸行业相继出台的《报纸质量管理标准（试行）》及《报纸编校质量评比差错认定细则》《报纸出版管理规定》《报纸期刊出版质量综合评估办法（试行）》等用于监督和评定报纸出版质量的规定对我国报纸行业的质量提高起到了很大的促进作用，

但由于出台时间较早,《报纸质量管理标准(试行)》及《报纸编校质量评比差错认定细则》等规定已经在一定程度上脱离了当前报纸行业的实际情况,"百分制"的评分方法有待改进。这些规定对报纸出版行业虚报出版量、娱乐化严重、内容同质化等质量问题缺乏明确的规定,导致对其难以进行监督。因此,这些规定目前难以在报纸质量管理的过程中发挥作用。

(2)对读者需求不明确。

报纸作为一种产品,需要经过市场的检验,而读者是报纸的阅读者和消费者。报社要为读者提供丰富的新闻、精彩的文章、精致的印刷,以满足读者在知识、阅读、审美和消费等方面的多种需求。报纸的办报方针和办报宗旨在一定程度上决定了其目标市场,如果要在细分市场上获得较高的市场占有率,必须以读者为中心,倾听读者的呼声和需求,对不断变化的读者期望迅速做出反应。报社应当通过多种渠道加强与读者的沟通和交流,明确读者的需求,并通过服务专刊(版)提升其服务质量。

然而,报社在实际操作中往往忽视与读者的交流。原新闻出版总署虽然对报纸的社会信誉质量有明确规定,但在执行过程中往往流于形式。相对于国外报纸行业而言,国内报纸行业的第三方监督机制发展缓慢。这些因素最终导致了报社难以明确读者需求的现状。

2)报社的内部原因

(1)对报纸属性和市场认识不足。

肖云认为,报纸属于服务产品,同时也是文化产品。报纸还肩负着为政府和舆论导向服务的政治使命。然而,部分报社对报纸属性的了解仅仅局限于不出政治差错和文字差错等层面,从而影响了报纸行业的经营与发展。

此外,一些报社对报纸市场认识得不充分也是导致报纸质量问题的原因之一。报纸行业的收入与其他行业相比更为复杂,而且有很强的特殊性,其销售包括发行和广告两个方面。国内外报纸的发行价格都低于报纸的成本,虽然发行量的增加将带来经济损失,但也会带来广告收益的提升。不过,发行量与广告收入的关系并不稳定,历史上有很多报纸因过量发行而导致经济损失。此外，只有当广告的目标消费群体与读者群重叠、目标消费市场区域与报纸的读者市场区域重叠时才能取得较好的广告效果。然而，报社往往忽视这些市场因素，并存在重视广告、轻视内容的情况，从而难以达到良好的发行效果和广告效果。

（2）编校人员方面原因。

巢建新提出，报纸质量保障体系是一项系统工程。报纸质量保障机制可分为前期、中期、后期共三个阶段。校对工作处在编辑加工之后、发排印刷之前，是中期保障机制的关键环节。编辑工作的疏漏，可以由校对来弥补和完善，而校对工作的失检，则无可挽回地成为报纸成品中的差错。可见，编辑和校对人员同时肩负着保障报纸质量的重任。然而，有的人却主张"校对不创造财富"而裁减校对人员，这样变更人员将会严重影响报纸的质量。

编校人员需要熟悉语法规则，拥有完善的知识结构和端正的编辑作风，并在工作中全神贯注、一丝不苟。然而，有些编辑人员自身的文化水平、政治水平、业务水平和职业道德水平都较低，在选稿审稿时未能完全坚持正确的导向，未担负起传播物质文化和精神文化的责任；还有一些编辑人员为了实现经济利益的增加，在报纸出版过程中未履行职责，最终导致编校质量的下降。

（3）管理方法落后。

报纸的出版工作是一种跨越学科、专业的负责工作，报社需要拥有一支复合型的人才队伍，并利用先进的管理方法组织报纸形象宣传活动、知识产权保护、报纸的品牌建设和开发品牌价值等工作。

1.1.2.5 国内音像制品质量问题现状及原因分析

1. 国内音像制品质量问题现状

1）内容方面

（1）内容低俗、节目单调。

目前，音像制品经营单位的数量呈现逐年递减的趋势，传统音像制品已经走过了最辉煌的时代。音像制品在很大程度上丰富了人们的文化娱乐生活，满足了广大群众的精神生活需求。但是，这其中也不乏一些低俗的、不健康的内容。例如，有些音像制品粗制滥造、拼凑庸俗内容，制造卖点；有的音像制品为了片面迎合市场，内容缺乏科学性，封面采用挑逗性宣传文字或图片，甚至将原本内容健康的音像制品低俗化、庸俗化，传播夸张庸俗、低级趣味的内容。

原新闻出版总署相关负责人表示，合法的音像出版、复制、发行单位参与制售低俗音像制品的危害最大，不仅更容易助长音像制品的低俗之风，而且会起到更坏、更恶劣的推波助澜的作用。

此外，国产音像制品制作水准普遍不高，节目内容比较单调，在播放过程中经常出现马赛克之类的质量问题。

（2）盗版现象猖獗。

非法音像制品的出现会破坏正常的音像出版发行秩序，损害唱片公司的声誉和歌手的利益。品质低劣的盗版制品使消费者既不能享受到原版制品的高品质的音乐效果，也得不到只有正版发行制品才拥有的完整讯息。

我国音像制品产业在面临着人民群众日益增长的文化需求的同时，也面临着盗版等不正当竞争的威胁。盗版音像制品的泛滥，如今已成为我国音像制品市场的顽疾，音像市场混乱失控，偷录盗版风来势凶猛，假冒、非法、伪劣出版的音像制品在全国许多地区可见。有资料显示，非法音像制品销售量如今已经占市场音像总销售额的60%~70%。非法音像制品对音像市场造成了很大的冲击，严重影响了正版制品的发行，使正版制品发行量大大萎缩，严重阻碍了我国音像业的发展。

2）制作工艺方面

音像制品经过几十年的发展，在制作技术上日趋成熟，已经达到了较高的水平。但是，一些正版音像制品经营者为了达到较高的销量，降低价格来与盗版经营者争夺市场份额。还有一些出版企业为了抢占市场、获得更大的利润，甚至不惜降低制作成本和出版发行成本，在制作过程中偷工减料，走低端路线。因此，在音像制品市场中，有许多制作工艺简陋、质量低下的产品混杂其中，从而降低了音像制品出版行业整体的产品质量。

3）设计与包装方面

随着音像制品行业整体营利能力的减弱，一方面，部分音像制品出版企业为了降低成本，过分压低设计成本，使一些缺乏设计元素甚至无包装的音像制品流于市场，降低了音像制品的整体质量；另一方面，有些企业为了吸引消费者眼球、增强企业的营利能力，过分迎合消费者的喜好，设计出与实际内容不符的包装，打着健康内容的旗号实则传播不良内容，影响了整个市场的健康运行和发展。

此外，用于出口的国产音像制品在设计、装帧和包装上往往缺乏特色，很少针对进口地或海外华人的民族心理、地方习俗以及欣赏情趣进行适当调整。

4）服务方面

目前，音像制品在发展过程中呈现日渐下降的趋势。国内音像制品往往综合质量不高，针对性较弱，售后服务不能完全到位。对于音像制品出口，相关出版企业几乎没有将其他语种的消费者作为期望的消费群体，导致销售面较为狭窄。此外，音像制品一旦出现质量问题，消费者很难退货、换货，售后服务措施的不到位严重影响了消费者对音像制品的购买信心。

2. 国内音像制品质量问题原因分析

1）与盗版经营商不正当竞争

音像制品的发行品种减少，主要是因为盒带、录像带等较旧品种被淘汰，导致目前的发行品种集中在 VCD、DVD 等少数品种上。音像制品的发行总量减少，主要是由于盗版制品泛滥和网络非法下载。此外，一些正版音像制品的经营者为了达到更高的销量，赚取更丰厚的利润，在与盗版经营者争夺市场份额的过程中，不惜降低出版发行的标准，从而导致音像制品的质量下降。

2）网络的发展阻碍音像制品发展

网络的迅速发展，使侵权行为日益严重，直接冲击着音像制品的经营市场。一部分年轻人已习惯于通过网络下载自己喜爱的音乐节目等。一方面，数字音像媒体得到了飞速发展，但在发展过程中也使内容不良的信息有了更便利的传播途径；另一方面，数字音像媒体的发展造成了传统音像制品消费人群大量流失，从而阻碍了传统音像制品的发展。音像制品出版企业的经营者为了吸引消费者，采取各种手段降低成本，迎合消费者喜好，在一定程度上忽视了音像制品的质量，使音像制品市场的产品良莠不齐。

3）相关法律法规不健全

自音像制品发展以来，我国陆续出台了《音像制品制作管理规定》《音像制品出版管理规定》《音像制品管理条例》等相关管理规定。但是，由于音像制品的特有性质，很难对其进行版权界定，而且相关法律法规在落实过程中也存在一定困难。随着网络的发展，数字音像制品更加流行，我国目前对于正版数字音像媒体付费下载还没有完备的法律法规或相关机构加以规范。

4）知识产权意识淡薄

在我国，人们对盗版音像制品的危害性认识不足。有些人在网络上非法下载数字音像制品，还有一些人心安理得地购买侵权盗版及走私产品，进一步促进了盗版音像制品活动猖獗。人们对知识产权意识的淡薄直接导致了音像制品质量问题严峻的形势。

1.1.3 国外出版服务质量管理研究

2004年，中国出版科学研究院出版了《国外出版行业宏观管理体系研究》一书，该书以专题报告的形式对美国、英国、法国、德国、俄罗斯、日本等国家的出版管理体系进行了独立研究，并对国外的管理体系做了精练的总结。该书将国外出版行业的宏观管理体系归纳为政府行政管理状况、国家法律规范措施、社会经济调控手段、行业协会功能共四个方面，提出了国外出版行业的行政—法律—行业协会的管理体系主体框架。

1. 出版管理机构及方式

国外出版管理机构的设置分为两种情况：一种情况是在政府部门中不设置专门的出版管理机构，将出版管理职能分散在政府的一些部门，由不同部门按照各自的职能进行管理，或者交由行业组织来管理；另一种情况是在政府中设置专门的出版管理机构，但其管理范围各不相同。

1) 政府机构与行业协会共同管理

法国和日本采用的是由政府机构与行业协会共同管理出版行业。在法国，管理出版企业和国家图书馆的政府机构是文化通信部的图书与阅览司，主管图书的创作、出版、发行和阅览等各环节的工作。该机构的主要职能是制定出版政策和有关法规、主管图书进出口贸易、对全国的出版与阅读活动进行指导与资助、与行业组织及出版社创设各种图书奖。此外，法国政府还设立了"图书文化基金"来支持图书出版行业。1993年10月，中国出版工作者对日本出版行业开展了考察，并将日本出版行业的管理体系概括为"以法制为基础，以政府宏观文化经济调控为手段，以民间协会和出版企业自律为依托，以大型出版企业为主导，以社会舆论为监督"的管理方法，这一管理方法对出版行业的质量管理有指导意义。日本政府管理出版行业的机构是文部省的文化厅。文化厅主要负责制定有关出版政策、审定或组织编写中小学教科书、资助学术及科技出版、监督出版行为的合法性。日本的行业协会制定行业规范，协调行业间的利益，促进会员间的合作交流，普及著作权法。

俄罗斯新闻出版行业的国家主管部门是俄罗斯联邦新闻出版、广播电视和大众传媒部。该部门的主要职能是制定并实施关于大众传媒、广播电视、新闻、电脑网络，以及图书和期刊的相关政策，调整音像制品的生产和发行，制定并实施关于广告制作、发行的政策，制定并实施关于传媒技术的发展、运作、标准、认证的规划，编制并管理俄罗斯统一的大众传媒机构名录，统一管理大众传媒机构的经营许可证。

2) 政府不设置专门的出版管理机构

美、英、德、加等国的政府中没有设置专门的出版管理机构。这些国家的政府对出版的管理主要是通过财政拨款、税收政策及立法程序来实现。美国的原新闻总署实际上是美国政府的对外宣传机构，后来在机构重组时被归并。在英国，英国文化委员会负责指导出版行业，该委员会负责制定政策、印发宣传品和资助英国出版物出口，并与英国出版商协会共同开拓国外市场。德国主要是通过行业组织（如德国书业协会）对出版行业进行管理。在加拿大，与出版行业管理有关的机构是加拿大遗产部和加拿大艺术委员会，这两个机构负责制定促进出版行业发展的政策，并提供出版资助。

2. 出版管理制度及相关法律

影响出版行业的法律可以分为四类：一类是普遍性法律，如关于消费者保护和商业税收的法律；二类是具体针对行业特殊性的法律，如关于版权的法律；三类是具有保护性质或给予授权类型的法律；四类是具有惩罚性和限制性的法律，如用于惩处出版含有诽谤、淫秽等内容的出版物的法律。

对于出版物内容的管理，目前大多数西方国家采用追惩制，即事后处罚的出版管理制度。出版物在出版发行之前不受限制，政府管理机构不作干预。出版物在出版发行以后，由有关机构审读样本，或者接受社会舆论监督，一旦被发现有违法行为，政府有关机构将依法惩处。例如，法国于1870年成立法兰西共和国后，结束原稿审查制，实行追惩制。法国对出版物内容的监管主要是通过法律。在一般情况下，如果出版物在内容上出现了叛国、煽动暴乱、诽谤、荒淫猥亵、伪证、泄露国家机密和侵犯隐私等内容，就是违法的。法国的《刑法》《普通法》等法律对出版责任人员应当承担的刑事和民事责任做出了详细的规定。

英国、法国等国家普遍要求出版企业向国家有关部门或机构缴送出版物样本。法国在1881年7月29日立法时就已经有要求出版商向行政机关缴送出版物样本的规定。1994年11月，俄罗斯国家杜马通过了《俄罗斯联邦义务上缴文献样本法》，该法案对义务上缴文献样本的种类、义务上缴文献样本的生产者和接受者的范围、文献样本义务上缴的期限和程序做出了明确规定。

此外，美国在出版行业标准的制定方面，对国家标准起着管理和协调作用的是美国国家标准学会。该组织受政府的委托管理美国国家标准，同时也对国家标准编制机构的资格进行认证。该组织按不同产品细分形成众多专业协会，如美国全国信息标准化组织（NISO）。美国出版行业标准的编制是一种建立在市场经济基础上的自愿行为，任何一个组织（包括出版商、书店、学会、协会等）都可以投资编制那些有市场需求的技术标准。对于国家标准的制定，美国国家标准学会对 200 多家标准编制机构进行了认证，并规定这些机构在制定标准时必须遵守《国家标准制定程序的基本要求》。

3. 出版行业协会的作用

出版行业协会是发达国家出版行业管理最重要及最有效的形式，发挥着重大作用。在这些国家，政府一般不设置专门的管理机构，而由行业协会担负出版宏观管理的任务。行业协会集合业内人士，共同商议图书定价，督促零售图书市场进行数字化等。出版行业协会已经走过了上百年的历史，从组织建构到运行模式都相对成熟。行业协会维护会员的合法权益，制定（或向政府建议制定）有关保护和发展行业的政策，行业协会为会员提供各式各样的服务，如提供经济信息、市场预测、技术指导、法律咨询、人力资源培训等。通过行业协会进行管理是西方国家出版管理的一个重要特点，在图书、期刊、音像制品等生产的各个环节都有相关的行业组织。国外出版行业协会大多属于非营利的法人组织，作用非常广泛，归纳起来主要是维权、服务、沟通、公证、监督等。

1) 美国出版行业协会简介

美国出版商协会是美国重要的出版行业组织，其主要作用是：作为行业代表，维护会员利益，在国内和国际出版事务中发挥作用；协调各会员之间的关系，进行行业自律；交流市场信息，为会员提供有价值的行业信息，如政府的行为和政策、立法提议和其他与本行业相关的新闻；举办图书展览，运用各种媒体扩大美国图书和其他出版物的市场，提高美国出版物在国内的发行量；参加书业国际活动，增加会员的图书或其他出版物的出口；倡导群众阅读，组织图书评奖，指导出版方向；开展科学研究，提供各种实际项目，对会员职工进行培训，提供各种信息以帮助会员进行企业管理。

此外，美国书业研究会和美国出版商协会等协会对出版行业的标准化也起着组织和协调的作用。

2) 英国出版行业协会简介

英国出版行业协会有英国出版商协会、英国书业通信委员会、英国出版媒体联盟等。其中，影响重大的是英国出版商协会，其发展历史悠久，运作成熟。

英国出版商协会（The Publishers Association，PA）成立于1896年，是代表英国图书、杂志和电子出版商利益的民间组织。英国出版商协会是英国所有图书、期刊和电子出版商的关注焦点。它是出版商集中起来发现和讨论行业主要问题的组织，也是制定政策、推动PA活动以保证行业安全交易环境的组织。英国出版商协会是一个自愿参与性质的组织。几乎所有较大的英国图书出版商都是它的会员。英国出版商协会基本上控制了英国的出版行业，其参与的事务包括：版权法的制定；数字技术立法的修正；教育、商业以及公共事物方面的版权许可；有关增值税、电子商务等影响到出版商利益的立法；保护出版自由；等等。

3）德国出版行业协会简介

德国出版行业协会原名"德国书商协会"，是德国最大的出版商和书商的联合性组织。德国出版行业协会侧重于与政府对话，竭尽全力为会员、为行业争取福祉。它虽然是非官方机构，但其权威性、服务性以及在行业中的地位几乎可以和官方组织比肩。德国出版行业协会的运作和管理模式也更为成熟，下辖财务处、注册处、法律处、新闻情报处等多个机构，各司其职，协调合作。德国出版行业协会还举办国际图书博览会，促进图书的版权贸易；设立德国书业和平奖，以鼓励在文学、艺术、科学等领域做出贡献并致力于和平的人士。

4．出版教育体系

出版教育是保证图书编校质量，进而保证图书质量的重要基础之一。如何为出版行业提供专业性人才，各国的教育体系也并不完全相同。

赵苏阳等人对美国的出版教育体系进行了研究，认为美国的出版教育体系对我国的相应教育有很强的示范作用，并分析了值得借鉴的具体内容。该研究认为，美国的出版教育重视实用性，因而具有多样性，具体表现在学历教育、暑期学员培训、非学历教育的强化课程班上。此外，纽约大学等多所高校设有出版课程，且非常注重教学与实践相结合，大多数教师是来自出版行业的专家，教学方式也注重实践和专业能力的培养。因此，总的来说，美国的出版教育形式多样、层次丰富。这些经验对我国的出版教育有重要的启示。首先，课程设置应紧跟行业发展和行业要求；其次，应注重不同层次的教学培养，培养出满足不同层次编辑需求的人才；再次，教学内容应及时更新，师资队伍也应更加完善；最后，高层次专业人才的培养应得到更多重视。这样，才能保证出版行业的人才体系建设，从而提高编校质量并保证出版物质量。

英国的出版教育一直比较讲究实用主义，因此，非正规的出版教育（即在职培训和脱产培训）成为英国出版教育的一大特色。英国的出版培训中心设置了多种培训课程，这些课程涉及出版的各个环节。其资金主要是来自自身的经营活动，部分来自政府的资助。英国高等院校的大部分出版专业多是采用合资形式开办的，即学校提供场所和教学设备，出版商提供教育经费。另外，这些院校非常重视发展与出版商的合作关系，邀请出版商进入学校顾问理事会，或者聘请有经验的出版专家担任该专业的技术顾问。

德国的出版教育培训主要采用双轨制，即学员首先在书店、出版社找到实际工作后才能在学校接受专门的理论培训。德国的出版行业培训主要集中在德国书业学校，是德国书业协会的下属机构。该学校比较重视管理课程的培训和与出版相关的实践应用，培训的内容多种多样，培训的对象也呈多样化。另外，学校的教师多是兼职授课的专家。

1.1.4 国外出版物质量评价指标及保证实践

Ali 和 Fereshteh 研究了哈佛大学出版物的引用影响与不同合作模式之间的关系。在该研究过程中，他们讨论了制度上的协作、国内研究人员的协作、不同领域的合作研究等诸多因素。该研究为选取出版物学术性指标提供了参考。

罗昕和柯璟对美国新闻网站的评优标准做了整理与分析，该标准包含网页设计、多媒体技术应用、内容编辑、互动功能、广告吸引力五大类目，对我国制定出版物的评价标准以及网站的出版策略有指导意义。在互动功能方面，该评优标准注重微内容经营及个性化服务的提供；重视社群互动，以提高用户的黏性；鼓励用户原创内容，以填补和丰富网站新闻资源。在内容编辑方面，该评优标准强调超越传统媒体的信息内容。此外，该评优标准还强调公众取向，几乎各类目都设立了与公共利益、公民参与相关的奖项。

针对期刊质量，Chandrashekhar提出，目前已经存在的一些评估期刊质量的指标（如影响因子、谷歌度量等）并不健全。他提出应采用"市场用户评论"的方式，而不是"同行评审"的方式，并且提出在网络时代环境下，可以考虑将网络下载、网页意见、停留时间等作为适当的指标。Young等学者也提出，受科学不确定性的影响，当前的出版系统会放弃少量具有权威性预见的中间产物，发表的文章通常为非随机抽取的少量调查研究，基于此得出的科研认知将有失偏颇。由此，出现"信息完整性"这一衡量指标，并以此检验期刊质量。

Ignatchenko等人提出了一种能够产生出版物质量评估数据的软件——VennDIS。该软件的优势在于其简单的图形用户界面和大量的定制选项，包括修改文字字体、文字风格、标签位置、背景颜色等。该软件通过为用户提供个性化服务来提高出版物的质量。

国外出版机构从以下几个方面来保证出版物的质量。

1. 编校质量方面

美国资深编辑麦卡锡指出，策划编辑要和作者一起"把某个概念或构想发展为很强的写作大纲或出版提案，然后把这份大纲或提案扩展为文稿，在这个过程中的每一个阶段都尽力把文稿修改得更完美"。可见，策划编辑与作者之间是一种密切合作的关系，麦卡锡称之为"创造性的合作关系"，这种创造性是以编辑和作者在成书过程中的紧密联系、相互信赖和良性互动为前提的。

那么，在创造性的合作关系中，策划编辑该做些什么呢？麦卡锡指出："对作者谦恭有礼，持续不断地支持作者，相信作者的才华，并且能够为作者提供专业的指引，都非常重要。"此外，"经验老到的编辑很了解个别作家和出版社的长处在哪里，因此会引导作者发挥他们最大的长处"，"优秀的编辑必须具备的天分之一，就是对结构的敏感度"。

一旦作者完成了手稿，就进入了"文稿编辑"的流程。韦克斯曼认为："文稿编辑的工作，是编辑与作者之间持久的交流。"在实务上，文稿编辑并不是逐页修改字句，其职责主要是检查一部书稿在清晰度（写作目的是否清楚）、涵盖面（是否提供了充足的资讯，是否存在无关信息，内容是否准确和平衡）、组织（内容的表达方式是否恰当）、写作风格（是否适合目标读者的层次）等四方面是否存在问题，并向作者提出具体的修改意见。

文字编辑的工作，就是通读全书稿，并为作者找出用字、文法、事实错误或前后文不一致之处等。文字编辑既要注重书稿全貌，又要注重其中的细节，要善于发现前后细节不一致处，要规范语法、标点符号的使用。必要时，文字编辑要从权威的参考书中求证书稿中涉及的引文和知识点等。优秀的文字编辑会小心求证，而不会仅凭猜测。

1）编校工作分工精细

美国一个学术型出版机构在个案调查中，提出了编辑职能的另一种划分方式，即加入了设计和印制环节的编辑职责，以出版全程将编辑分为三类：策划编辑、责任编辑和生产编辑。

（1）策划编辑（Acquisition Editor，AE）。

策划编辑在书的制作和生产过程中扮演着"生产经理"的角色，是出版社的核心，统领着出版和其他各项业务。策划编辑的首要任务就是向各方面提出目标，并做出决策。同时，策划编辑还要分析图书市场，预测应出版哪些新书，然后向全国各大学的教授组稿、签合同，要求其撰写出书大纲，而后策划编辑将以此大纲向各方面的教授咨询意见。写大纲的教授和被咨询者都将获得报酬。策划编辑根据咨询的情况写出书面报告，提交上级部门。选题一旦确定后，就由责任编辑负责实施。

（2）责任编辑（Development Editor，DE）。

在选题确定后，责任编辑先召开正式的作者会，根据情况适当修改计划，重写书稿的大纲和目录，然后请相关专业的教授审阅这些内容。作者再根据此大纲和目录开始写作，写作时间约18个月。写作内容分为三部分。在第一部分完成后，责任编辑将这些内容向授课教授征求意见。如果授课教授选用此教材，该出版机构将免费赠送给他。若各方面的反应很好，责任编辑将此书稿的胶片提交给生产部门，以后的工作由生产编辑负责。

（3）生产编辑（Production Editor，PE）。

生产编辑负责书的制作和印刷，包括校对、封面设计和成书。他们要与承印厂家打交道，主持承印厂商竞争招标，与厂家签合同（合同期通常为3年）。生产编辑中有负责图片的编辑，他们还要考虑所选用图片的版权问题，与原作者讨论版权费。在进行封面设计时，通常考虑商业效果。

2）编辑细致，校对简洁

在美国，出版编辑的工作做得非常充分，其编辑程序主要有三个环节：作者投稿后，首先由责任编辑对书稿进行审读、发表观点，再由责任编辑向作者提出修改建议，接下来才开始正式的内容和文字编辑工作。责任编辑不是一位编辑，而是多位编辑，他们在选题、内容、结构等方面对文稿进行审读。于是，在审读过程中，文章将被详细审读五六遍。

由于美国图书出版机构特别重视编辑的审稿工作，因此编辑在审稿环节将工作做得非常细致充分，所有的内容、文字、技术性等方面的问题全部都在编辑审稿这一环节会得到妥善处理，从而使校对的工作相对比较容易，工作量较少（仅仅是"校异同"或个别拾遗补缺的工作），只需要几个人同时校对，基本上一遍即可通过。另外，考虑到每个人的知识贮备水平、专业特长各有不同，因此，校对工作由几个人分别同时进行。几个人分别同时审稿的效果自然比某一位编辑或某一位校对员多次重复看稿的效果要好得多，而且花费的时间也比某一个人重复看稿要短得多，从而科学地、高效地完成校对环节，大大提升整个出版过程的效率。

3）细化特聘编辑的作用

与很多国内出版企业采取外聘编辑人员的办法相似，为了降低人员成本，美国的许多出版机构特聘社外编辑参与文稿的出版工作。但是美国对特聘编辑的管理比较细致，特聘编辑所参与的工作仅仅是诸多编辑环节中的一个环节，特聘编辑不能取代责任编辑和文字编辑。

2. 内容质量方面

"质量为王"是很多出版行业从业者所熟知的。雨田在对日本出版编校标准进行描述时强调了日本编校领域的共识:"出版物是不应该错的。"为了保证出版物的质量,日本出版机构对于编校环节尤为重视。以讲谈社为例,该社有分工细致的编辑局、编辑部,此外还设有负责审校文字与图片的校阅局。其中,校阅局共有 160 人,占出版社总人数的 15%。这与国内编辑人员短缺、编校环节外包等情况形成了鲜明对比。此外,图书质量在日本不是指印装质量、编校质量,而是更倾向于图书内容的知识含量。

爱斯唯尔是全球领先的专业出版公司和信息提供商,是较早进入数字出版领域的出版集团,该集团的出版内容拥有很高的学术价值,颇受世界各地读者的青睐。爱斯唯尔的成功一方面说明了专业出版(如科技、教育出版)在数字化时代有着得天独厚的优势,在这些领域的内容具有数字化推广的巨大市场需求,是在数字化时代最先满足机构用户需求的内容,因此在稳定用户群的基础上,其更容易获得成功;另一方面,由于内容出版商更加了解读者的使用需求和内容需求,加之其在技术上肯投入力量,将内容和技术进行了完美结合,其打造的在线服务平台给用户提供了易用的和丰富的优质数字内容产品,因此收费模式也顺理成章,这是其商业模式成功的基础。

1.2 出版企业内部质量保证体系调查问卷设计及数据分析

1.2.1 问卷设计

1. 问卷项设计

问卷项从质量保证体系的内容展开,包含三审编辑的职称要求、校对人员的配置、对从业人员的培训、稿件加工的工作量及时间集中度、选题论证及作者选取、三审的中间控制、外审人员的培训、印前质检、印后质检、读者服务等内容。问卷项共分为37个问题,大多设置为开放式回答。

2. 问卷的发放对象及样本选择

问卷的发放对象为出版社的编辑、校对以及印制等与质量保证体系紧密相关的人员,每个出版社只选取两人答此问卷。因为此问卷的目的是初步找出目前出版质量保证体系的问题所在,为制定出版质量保证体系提供依据,故问卷发放范围较小。我们共选取了22家出版社,共发放问卷44份,回收问卷39份,有效问卷为36份。

参与问卷调查的人员年龄段如表1-1所示。

表1-1 参与问卷调查的人员年龄段

选项	小计	比例
25岁及以下	2	5.56%
26~35岁	17	47.22%
36~45岁	13	36.11%
46岁及以上	3	8.33%
(空)	1	2.78%
本题有效填写人次	36	

参与问卷调查的人员社龄段如表1-2所示。

表1-2 参与问卷调查的人员社龄段

选项	小计	比例
1年及以下	2	5.56%
2~5年	10	27.78%
6~10年	9	25%
11年及以上	13	36.11%
(空)	2	5.56%
本题有效填写人次	36	

参与问卷调查的人员所在单位涉及的出版物如表 1-3 所示。

表 1-3　参与问卷调查的人员所在单位涉及的出版物

选项	小计	比例
图书	33	91.67%
报纸	1	2.78%
期刊	19	52.78%
电子出版物	11	30.56%
音像出版物	10	27.78%
（空）	1	2.78%
本题有效填写人次	36	

1.2.2　问卷分析

1. 选题策划阶段的问题

在对出版企业选题规划实施调查中，我们发现规划组稿的选题占全部选题量的比例在 30% 以内的出版社占 30.56%，在 30%~50% 的占 36.11%，在 50%~80% 的占 19.44%，超过 80% 的占 11.11%。我们设计本问题的意图是调查出版社组稿活动的规划性。选题规划与出版社的定位、目标及生产能力保证系统紧密相关。如果一个出版社规划组稿的选题占全部选题量的比例超过 80%，那么它具有极为理想的前期控制；比例在 50%~80% 的较为理想；在 30%~50% 的为一般情况；在 30% 以下的则缺乏规划，说明该出版社的选题规划杂乱无章，或者说该出版社缺乏选题规划。

对于出版企业选题调研的途径，从调查来看，超过 50% 的出版社采用多于 4 种途径的调研方式：书店、网站、会议、教师。另外，来自开卷数据、读者、批发商和发行员的调研也均超过了 30%，说明参与调研的出版社的单个选题的策划是经过多渠道的调研过程产生的。

在对出版企业选题论证会的调查中，我们发现 86.11% 的出版社会定期召开选题论证会，而 11.11% 的出版社不召开。在对选题论证会的选题如何确定的调查中，38.89% 的出版社通过选题论证会投票决定选题，41.67% 的出版社则由社领导确定。选题论证会是把关选题质量的有效关卡。如果不开选题论证会而由领导直接决定选题，那么就在质量把关上少了重要的一关。开了选题论证会，如果仅注重某些领导的意见，而忽视其他参与者的意见，则选题论证会形同虚设。

在对出版企业选取关注作者的首要因素调查上，我们发现33.33%的出版社关注作者的学术水平，36.11%的出版社关注作者的编写水平，16.67%的出版社关注作者的声望，5.56%的出版社关注作者的职称、职务。在为不同的图书选取作者时关注的首要因素是不同的，所以这个问题的调查结果比较符合常规的认识。

2. 作者交稿前的过程控制问题

在对编辑是否对稿件进行中耕检查的调查中，我们发现66.67%的出版社进行中耕检查，而27.78%的出版社不进行中耕检查。对稿件进行中耕检查能在最大程度上及早发现作者的编写水平能否承担编写任务、其编写方向是否符合既定的编写目标以及在编写中存在的其他重大问题等，可以对稿件及早干预，防止在作者交稿之后才发现稿件严重不符合要求。不进行中耕检查的出版社，将确定作者后的书稿编写置于放任状态，使稿件质量难以保证。

对于签订合同的时机，61.11%的出版社在选题通过后即与作者签订合同，27.78%的出版社在稿件提交检查没问题后签订合同，5.56%的出版社在三审合格后即签订合同。在签订合同的时机上，《图书质量保障体系》及相关规定并没有明确的约定，但从保证书稿质量的角度来看，在三审合格后再签合同能最大限度地保证书稿的质量，在稿件提交检查没问题后签合同也基本可以保障出版社的权益。选题通过后即签合同，就需要出版社做好中耕及前期稿件监控。

对于是否有出版社安排的社外专家审稿的环节，从调查来看，55.56%的出版社有安排这样的环节，38.89%的出版社没有。对专业性较强的稿件，安排社外专家审稿能在专业上保障书稿质量。这个环节在《图书质量保障体系》中并未提及，但要求编辑是各个方面的专家并不现实。编辑保障不了的专业性，相关的专家可以弥补。

3. 三审制度的落实问题

关于初审资格，参与问卷调查的22个出版社中，对编辑职业资格不做要求的占13.89%，要求初级及以上编辑职业资格的占27.78%，要求中级编辑职业资格及以上职称的占55.56%，要求副编审及以上职称的占2.78%。与1998年颁布的《图书质量保障体系》中"初审，应由具有编辑职称或具备一定条件的助理编辑人员担任（一般为责任编辑）"进行比对，13.89%的出版社对职称及编辑职业资格不做要求明显不符合保障体系的规定。

关于复审资格，要求初级编辑职业资格及以上的占2.78%、要求中级编辑职业资格及以上的占38.89%、要求副编审及以上的占58.33%。与《图书质量保障体系》中"复审，应由具有正、副编审职称的编辑室主任一级的人员担任"进行比对，41.67%的出版社仅要求初级、中级编辑职业资格及以上是不符合保障体系规定的。

关于终审资格，要求中级编辑职业资格及以上资格的占8.33%，要求副编审及以上职称的占91.67%。与《图书质量保障体系》中"终审，应由具有正、副编审职称的社长、总编辑（副社长、副总编辑）或由社长、总编辑指定的具有正、副编审职称的人员担任（非社长、总编辑终审的书稿意见，要经过社长、总编辑审核）"进行比对，8.33%的出版社在这方面不符合保障体系的规定。

调查显示，初审、复审、终审严格地由三个不同的人完成的占97.22%，不严格要求由三个不同的人完成的占2.78%。与《图书质量保障体系》中"三审环节中，任何两个环节的审稿工作不能同时由一人担任"进行比对，2.78%的出版社在这方面不符合保障体系的规定。

对三审各环节是否环环相扣的问题设计"三审中间如果一个审次的差错率过高是否会退回上一个审次"的调查显示，83.33%的出版社选择"是"，而11.11%的出版社三审并不相扣，三个环节间互不负责。

对出版社三审环节中哪个环节可以放在社外进行的调查显示，"初审可以放在社外"的出版社占38.89%，"复审可以放在社外"的出版社占8.33%，"三审都不放在社外"的出版社占44.44%。我们对放在社外环节的质量控制问题设计了"是否对外审人员进行定期的培训"的问题。调查显示，仅33.33%的出版社对外审人员进行定期的培训，高达58.33%的出版社未对外审人员进行定期的培训。放在社外进行的初审环节，如果对外审人员缺乏必要的培训，则很难达到质量控制的目的。

在对是否给作者看校样的调查中，我们发现86.11%的出版社给作者看校样。给作者看校样也是质量保证中非常重要的一关。

在对是否采用电脑编校系统的调查中，我们发现47.22%的出版社已经采用了电脑编校系统。采用电脑编校系统的最大特点是可以记录过程，初、复、终审三个环节的修改过程均可见，可以提高编校工作的效率。但是，采用电脑编校系统后，出版流程就需要相应地进行改造，需要新的质量保证体系。

在对图稿由谁负责处理的调查中，我们发现社内有专人负责绘图及修图的出版社占25%，社外排版人员负责的出版社占72.22%。一般来说，图稿质量是一本专业图书最重要的质量衡量因素之一，安排专人负责绘图及修图可以最大限度地保证图稿质量，而如果放置在社外由排版人员完成，就需要对排版公司进行严格的质量筛选。

4. 三校制度的落实问题

对是否有专职校对人员的调查显示，61.11%的出版社设置了专门的校对岗来负责校对工作，而38.89%的出版社没有设置专门的校对岗。与《图书质量保障体系》中"出版社应配备足够的具有专业技术职称的专职校对人员，负责专业校对工作"进行比对，38.89%的出版社在这方面不符合质量保障体系的规定。

对三校流程的具体落实情况的调查显示，83.33%的出版社由三个不同的人完成该流程，而13.89%的出版社并非由不同的三人完成该流程，换言之，在这些出版社，三校流程可能被省略了部分环节，也可能三校流程由同一个人或两个人负责超过一次。在《图书质量保障体系》中没有对不同的校次规定必须由不同的人完成，但从经验来看，同一个人进行相同的操作会受思维定式的影响，如果换人操作，能拾遗补漏，校对的效果会更好。

5. 质检相关问题

在对图书印前质检的抽查字数调查中，我们发现对不同的书设定不同抽查比例的出版社占55.56%，设定固定字数抽检的出版社占16.67%。对于同一本书的质检，抽查全书10%以上的出版社占8.33%，抽查全书5%~10%的出版社占5.56%，抽查全书5%以内的出版社占5.56%。另外，83.33%的出版社表示对精品图书会设定更高的质检标准，11.11%的出版社对所有图书共用一个标准。

在对印前质检不合格图书的相关人员处罚措施的调查中，我们发现不进行相应处罚的占13.89%，扣除部分工作量的占36.11%，扣除全部工作量的占2.78%，在工作量之外再扣款的占41.67%。设定此问题是希望调查出版社对印前质检的标准是否落实到位，不进行相应处罚的出版社明显在质检制度建设上存在缺陷。在对责任设计编辑制度和设计方案三级审核制度的调查中，我们设计了"封面设计方案的审定除策划编辑和责任编辑外是否有专人负责封面方案审定工作"的问题。调查结果显示，44.44%的出版社选择"是"，50%的出版社选择"否"。选择"否"的出版社在很大程度上没有坚持设计方案三级审核制度。

对毛书检查的调查显示，75%的出版社将"印好的图书在装订前先做样书给编辑审定"，19.44%的出版社"不给编辑审定"。"不给编辑审定"的出版社对毛书检查环节分两种情况：一种是不做毛书检查，直接印装；另一种是由印务或其他部门对毛书进行检查。这两种情况都存在隐患：前者存在图书错装、漏装等隐患，后者存在编辑对图书的设计落实不到位的隐患。

对成品书检查的调查显示，86.11%的出版社定期进行，8.33%的出版社不定期进行，5.56%的出版社不进行。

6. 编辑、印制工作量问题

对编辑每年加工字数的调查显示，出版社编辑年加工字数在800千字以内的占5.56%，800~1 500千字的占30.56%，1 500~2 500千字的占33.33%，在2 500千字以上的占27.78%。少于800千字，编辑对书稿的熟悉度太低，不利于把握第一手资料；高于2 500千字，对编辑的编校时间是个挑战，对出版产品的质量也影响较大。

在对图书在某一时间段（如春季、秋季）出版集中度的调查显示，

19.44%的出版社的出版集中情况"非常严重",55.56%的出版社"一般严重",出版集中情况"比较均匀"的出版社只占19.44%。集中出版在出版工作中是个常态问题,特别是教材出版比重大的出版社,受教材季的影响,如果前期没有良好的选题规划,则受制于市场,很难调匀教材的出版时间。而在春秋季教材出版的高峰期,其质量问题会受到严重挑战。

对生产周期(从定稿到图书入库)的调查结果显示,1~1.5个月的占5.56%,1.5~2个月的占19.44%,2~2.5个月的占27.78%,2.5~3个月的占22.22%,3个月以上的占5.56%。一般来说,图书的理想生产周期是2~3个月。如果周期过短,则难以保证必要的流程时间。调研结果中,生产周期在2个月以内就属于周期偏短。

7. 图书重版及读者反馈机制问题

在对作者改错样书回收制度的调查显示,44.44%的出版社会严格回收,50%的出版社不会回收。在重版印刷前的作者改错是提高图书质量的重要途径,改错样书的回收应该形成机制及制度,并严格执行。

在对读者信息反馈机制的调查中,47.22%的出版社有专人负责读者意见处理,但50%的出版社没有。在对是否有关于读者意见反馈时间、反馈处理等的工作标准调查显示,仅33.33%的出版社有工作标准,63.89%的出版社没有标准。这两项调研的综合结果显示,大部分出版社并没有有效的读者信息反馈机制。

8. 对员工的培训

在培训形式上,各种选项的比例如表1-4所示。

表1-4 培训形式

选项	小计	比例
A. 社内员工培训	29	80.56%
B. 邀请社外专家培训	22	61.11%
C. 参加各种出版相关培训班	29	80.56%
D. 网络培训	12	33.33%
E. 其他	0	0
本题有效填写人次	36	

培训内容所涉及方面的比例如表 1-5 所示。

表 1-5　培训内容

选项	小计	比例
A. 国家法规与政策	32	88.89%
B. 与出版有关的国家标准	34	94.44%
C. 语言知识	29	80.56%
D. 学科专业知识	22	61.11%
本题有效填写人次	36	

调查发现，出版社将出版培训的重点列在国家法规与政策、与出版相关的国家标准、语言知识上。对于学科专业知识，61.11%的出版社也将其列为培训的重点。

关于培训频率的调查表明，47.22%的出版社每月进行一次培训，13.89%的出版社每半年进行一次培训，36.11%的出版社每年进行一次培训。从调查来看，大部分出版社对员工培训的频率偏低。

关于资格考试激励度的调查表明，83.33%的出版社将工资或岗位津贴与员工职称挂钩，但还有 16.67%的出版社未将工资或岗位津贴与员工职称挂钩。

在对新入社员工的培训问题上，我们在问卷上专设了一个"贵社新员工入社是否实行导师制（单选）"的问题。调查结果显示，38.89%的出版社实行导师制，而 61.11%的出版社没有给新员工指定导师。由此可知，经验证明非常有效的导师制（或学徒制）在大部分出版社并没有得到有效实施。

1.2.3　存在问题

1. 选题缺乏规划

在对规划选题量占总选题量的比例调查中，低于50%的出版社超过了50%；在对图书在某一时间段（如春季、秋季）出版集中度调查中，"非常严重"的占19.44%，"一般严重"的占 55.56%；在对编辑每年加工字数调查中，高于 2 500 千字的占 27.78%；在对生产周期的调研中，2 个月以内的占 25%。

上述 4 个问题的调查从内在来说是环环相扣的，若选题规划做得好，则是考虑好了专业领域、人员配置、生产能力，那么图书在某一时间段（如春季、秋季）的出版集中度会"比较均匀"，编辑的年加工字数会在理想负荷内，生产周期也能被控制在立项范围内。反之，如果没有做好选题规划，稿件随机来，忽多忽少，扎堆生产，则势必造成图书在某一时间段（如春季、秋季）的出版集中度会"一般严重"甚至"非常严重"，编辑的年工作量过高，生产周期将被压缩或延长。

2. 从选题确定到稿件定稿之间的环节控制薄弱

调查显示，进行中耕检查的出版社占 66.67%，有 55.56% 的出版社"会邀请社外专家审稿"。相比国外出版机构的图书前期质量保证手段，国内出版社的编辑在与作者的沟通能力以及专业能力上仍有很大欠缺。一直以"内容为王"的出版社，在很大程度上控制的是出版产品的编校质量，而对内容质量的控制严重不足。这不仅不能发挥策划编辑"提供专业的指引、发掘作者的长处、对稿件结构能敏锐地提出意见"的作用，甚至连基本的"把某个概念或构想发展为很强的出版提案"的作用都很难发挥。策划编辑在与作者的前期沟通中基本止步于向作者提供关于出版流程的答疑、在审读作者的编写样章后对其中的编校问题提出意见，很少有编辑潜心研究所出版图书的专业问题，并在图书结构上与作者进行专业细致的交流。对这个环节控制薄弱，除了策划编辑的能力问题，制度的缺失是更为重要的原因。《图书质量保障体系》中缺乏对这一阶段的要求，而大部分出版社也基本上未制定这方面的制度。在缺乏制度的前提下，编辑人员更不愿做额外的工作。

3. 三审人员的职称部分不符合要求

调查显示，在对三审人员的职称要求方面，13.89% 的出版社不符合《图书质量保障体系》对初审的资格规定，41.67% 的出版社不符合《图书质量保障体系》对复审的资格规定，8.33% 的出版社不符合《图书质量保障体系》对终审的资格规定。突出的问题在复审环节，根据

《图书质量保障体系》的要求,"复审应审读全部稿件,并对稿件质量及初审报告提出复审意见,做出总的评价,并解决初审中提出的问题"。一般来说,出版社的复审均达到100%通读,所占时间较长,而出版社的编审、副编审职称人员严格来说基本都不满足复审的工作量负荷。在编辑职称评定中,对副编审及以上职称的要求比较高。

4. 部分岗位缺失

调查显示,38.89%的出版社没有专职的校对人员,50%的出版社没有专人负责封面方案的审定工作。基于人员成本的问题,大部分出版社目前将校对、封面设计、排版等工作外包,从实际操作来看,这有利于引入市场机制,选取质量更好的外包机构进行合作,更利于竞争力的培养。但是,这种外包需要社内的制度配合。校对的工作可以外包,但社内至少要设置几名专职的责任校对,负责对校对的质量把关,并对社外校对人员进行日常管理。封面设计的工作可以采用招投标的形式进行,但在封面方案确定后,对封面要素的审定需要指定专门的人员负责,以保证封面设计的质量。

5. 大部分出版社在细节方面缺乏规章制度

对出版社质量保证体系中各个细节的落实问题贯穿在整个调查问卷中,对《图书质量保障体系》的每一项执行都需要制度文件护航,但调查的结果是在主体层面上基本都有详细的文件规定,但在细节层面上缺乏规章制度,如中耕检查要求、社外专家审稿要求、封面审定要求、生产周期规定、改错样书回收、读者信息反馈制度等。

6. 信息反馈环节缺失严重

调查显示,50%的出版社没有严格实行作者改错样书回收制度,50%的出版社没有专人负责读者意见处理,63.89%的出版社没有读者信息反馈工作标准。考虑到再版率和重印率较高的图书集中在教材上,一般的大众图书再版率较低、重印率也不高,作者信息反馈往往会被人为地忽略。数据分析表明,那些没有严格实行作者改错样书回收制度的出版社中有一多半从事的是大众图书出版,有一小半从事教材类图书出版,这说明在重印改错上存在很大缺陷。读者信息反馈系统,是出版社服务质量的一个重要方面。从另一个方面讲，若对读者的反馈吸收得当，也能改善图书质量，但大部分出版社忽视了这一体系。对这一体系忽视的一个重要原因是投入与产出没有很直接的对应关系，不像出版新书等生产环节。读者信息反馈体系不能直接地产出价值，只能间接地影响后续价值，但读者信息反馈体系能从另一个层面反映出版社的品牌建设。是否充分重视读者反馈在衡量一个出版社的综合服务质量上至关重要。

1.3 出版企业内部质量保证体系案例研究

本研究对北京理工大学出版社、北京大学出版社、北京语言大学出版社、机械工业出版社等出版社的质量保证体系的相关文件进行了研究，其中以北京理工大学出版社的资料最为详细。另外，笔者还对中国青年出版社、北京大学出版社、中国轻工业出版社等出版社的从业编辑就质量保证体系问题进行了重点访谈。以下从三个案例展开。

1.3.1 案例一：北京理工大学出版社

1. 北京理工大学出版社图书质量保证体系概况

北京理工大学出版社的编辑比目前的出版同行分工得更为明晰，主要分为项目编辑、策划编辑、文字编辑、执行编辑、销售编辑、区域编辑。项目编辑负责某个领域或学科的项目规划、项目管理等工作；策划编辑的职责类似于组稿编辑，负责将项目编辑规划的项目落实，找到合适的作者，负责作者与出版社之间的沟通交流；文字编辑负责稿件的文字加工；执行编辑负责从稿件进入出版流程后的流程监控；销售编辑有别于传统的编辑，类似于传统出版社中的市场部工作人员，销售编辑的职责是负责项目的市场宣传及具体的客户维护，将销售编辑列入项目组比传统出版的编辑、发行分离更高效；区域编辑是市场运作下的新需求，主要针对教材市场，负责某个或某几个区域的全方位选题开发。

在选题开发阶段，北京理工大学出版社针对项目制设置了一系列办法，其中成文的有《北京理工大学出版社教材选题项目制实施办法》。在对每个项目申报之初，项目编辑会进行详尽的调研，先对项目整体进行立项，再由项目负责人（即项目编辑）进行项目答辩，项目在完成立项后才能进入项目实施阶段。在单个选题的论证上，针对大众类选题有专门的选题论证会，由编辑、发行、总编辑等参加，并投票表决；教材类选题在符合项目立项的原则前提下，由项目编辑、策划编辑、分社主管领导及总编辑确定选题。

北京理工大学出版社的质量保证文件包含：前期选题文件——为选题的项目化实施制定的《北京理工大学出版社教材选题项目制实施办法》、为保障选题顺利实施制定的《选题管理办法》；中期稿件流程文件——为编校出版流程制定的《图书编校出版流程管理办法》、对编辑资格限定的《编校管理细则》、为防止出版周期过短而制定的《图书出版周期管理规定》、印前质检实施办法《图书编校质量检查办法》；出版后期文件——装订前的毛书检查及成书入库前的检查文件《新版及修订版图书毛书检查及成书入库前检查要求》、对印制图书质量的规定文件《入库图书包装规定及要求》、对书稿历史档案归档要求的文件《书稿档案管理办法》。另外，还包括对优秀图书的奖励文件《图书获奖奖励细则》、为提高编辑业务能力的培训保障文件《员工参加社外业务培训和学历教育的管理规定》《职工社内业务学习管理规定》等。

北京理工大学出版社的图书出版主流程如图 1-3 所示。

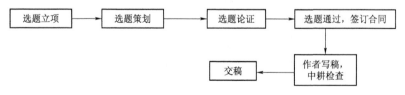

图 1-3　北京理工大学出版社的图书出版主流程（交稿前）

在作者交稿后的编校和印制环节，北京理工大学出版社的图书出版主流程如图 1-4、图 1-5 所示。

流程一：

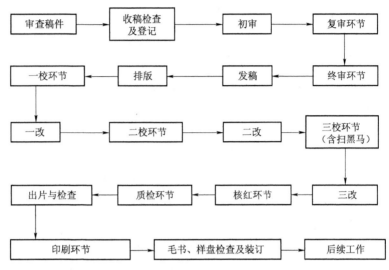

图 1-4　北京理工大学出版社的图书出版主流程一（交稿后）

流程二：

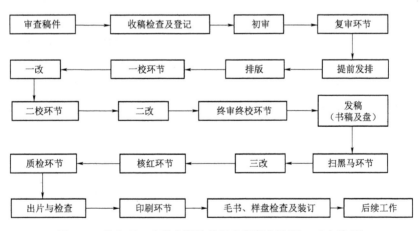

图 1-5　北京理工大学出版社的图书出版主流程二（交稿后）

流程一与流程二的区别在于是否提前发排，流程一是传统的三审之后进入排版环节，流程二主要针对稿件错误率过高、在前两个环节已经改得满篇红的稿件。北京理工大学出版社图书中的图表为排版公司绘制，在实际工作中，某些稿件的图不符合出版要求的，会提前交由排版公司进行排版和绘图，而后进行两次校对后进入初审环节。

2. 北京理工大学出版社图书质量保证体系的问题

北京理工大学出版社出版的图书中，教材所占的比重比较大，而教材的季节属性强，春秋两季扎堆交稿的现象比较严重，此阶段的出版工作较为繁重，在管理上稍有不慎便出现问题，问题的根源反映在项目规划的实施上。另外，在项目实施上，虽然理念与方法创新很好，但在管理时，由于部分项目实施规定缺乏标准的文件，在考核上缺少依据，影响项目的落实效果。

1.3.2　案例二：北京大学出版社

1. 北京大学出版社图书质量保证体系概况

北京大学出版社的编辑属于复合型人才，一个出版项目的责任编辑往往身兼数职：策划、组稿、文字、营销等。编辑的职责分为以下八个方面：

（1）定期进行市场调研，及时反馈市场信息，熟悉本学科的著译者队伍和科研状况，并根据市场情况组织开发双效益图书和优秀学术著作。

（2）积极参加各种社会活动及学术活动，熟悉本专业上下游产业链的最新信息，能够比较准确地把握读者的需求。

（3）及时了解著译者的写作进程，对提纲和样章进行审读并提出修改意见；收到书稿后在三个月内提出接受或退稿的处理意见，并上报编辑部主任审核。

（4）对决定采用的书稿进行独立加工整理，并突出重点地写出编辑加工报告。对书稿中的疑难问题，应明确提请复审、终审解决。

（5）在编辑部主任的指导下，合理安排编辑工作，做到按照计划发稿，均衡发稿，齐、清、定发稿。

（6）做好书籍的编后工作，撰写（或邀请有关专家撰写）评论或介绍文章。

（7）提出本学科图书的销售计划和销售方案，供销售部和本编辑部主任参考。

（8）参加各种图书推介活动，及时了解本学科的出版信息，利用推介活动收集市场信息，密切和客户的关系。提交出版信息、销售及策划信息、学术动态，并提供作者介绍、图书内容简介、图书目录、读者对象及营销亮点、正文及封面的电子文档。

北京大学出版社的选题规划实施分为：搜集、研究本学科的学术动态和出版信息，了解本学科及相关学科的图书市场动态，对学科著译者队伍和科研状况进行调查研究；在编辑室主任的领导下，根据图书市场的发展趋势和出版宗旨，拟订本学科的选题计划、组稿规划和出书计划；组织开发双效益图书以及优秀教材和学术著作的选题。

北京大学出版社的选题论证分为策划编辑论证、部门选题论证和社级选题论证。在每个月的上旬，总编室通过编辑论证和部门论证的选题按照教材、学术图书、大众图书归类，并将电子文档发送给分管副总编辑进行书面审核，对有疑问的选题提交选题会进行讨论。在每个月中旬召开的选题论证会对选题的学术价值、市场前景进行充分讨论，各编辑部代表可以提出申辩意见。论证结束后，编辑委员会各分会成员进行无记名投票，以票决制决定列选选题，获得三分之二以上同意票的选题通过，未通过的选题由总编室退回给编辑。

北京大学出版社的图书出版流程如图 1-6 所示。

2. 北京大学出版社图书质量保证体系的问题

北京大学出版社图书质量保证体系中最大的问题是编辑的责任太重，有时由责任编辑的个人原因，导致整个出版项目无法及时、安全地运转。从上述编辑分工中可以看出，在编辑职责上，北京大学出版社仍采用传统的编辑职能划分，这在精细化运作上明显缺乏市场适应性，对编辑的个人要求太高，而没有将编辑的职责细化，使项目的实施受制于具体个人。

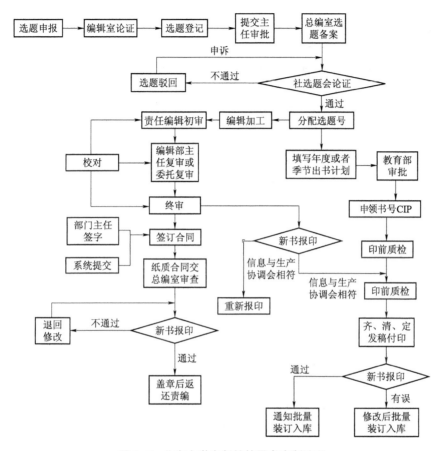

图 1-6 北京大学出版社的图书出版流程

1.3.3 案例三：中国青年出版社

1. 中国青年出版社图书质量保证体系概况

中国青年出版社雄师数码科技有限公司的编辑分工比较明确，有文字编辑、策划编辑及营销编辑。文字编辑负责对社里的稿件进行终审；策划编辑负责联系作者，落实稿件，也承担部分稿件的复审；营销编辑负责对选题提供营销支持。

中国青年出版社通常在当年做选题计划，保证图书在次年出版。选题论证会由申报选题的策划编辑和市场部同事，以及其他部门主任

（选题委员会成员）、总编等共同开会研讨，会议上需要提供数据支持。最终以领导的意见为准。

中国青年出版社的图书出版流程如图1-7所示。

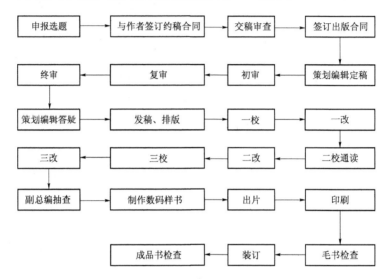

图1-7 中国青年出版社的图书出版流程

2. 中国青年出版社图书质量保证体系的问题

中国青年出版社图书质量保证体系目前的问题有以下几点：

（1）作者稿件质量比前些年有所下滑，这是源头问题。出现此问题的外部因素较多。例如，学术气氛不浓、急功近利风气比较重；作者急于求成，提供的稿件内容质量较差。

（2）中国青年出版社的图书以四色印刷居多，此类图书对调图、印制的要求比较高，能够达到要求的印刷厂较少。因此，这些印刷厂的工作集中，生产周期偏长，缺乏竞争性。

1.4 出版服务质量提升长效机制构建

综合文献研究、问卷调查及案例研究得出目前出版企业内部质量保证体系存在的主要问题，本调查提出了以下初步解决对策。

1.4.1 加强对图书内容质量的控制

1. 提高选题质量

选题决策作为图书出版工作的起点，在整个图书出版过程中起着不容忽视的决定性作用，是决定书稿质量最关键的环节。选题的内容直接体现编辑的策划能力、社领导的决策水平，制约着拟出图书的经济效益和社会效益。选题的开发、讨论与决定历来都是出版社的头等大事。可以毫不夸张地说，出版社之间的竞争集中体现在选题的竞争上。选题质量的高低会影响出版社的发展，决定出版社未来的兴衰成败。在选题质量的提升上，策划编辑的自身水平是首要的，策划编辑应通过详细的调研、多方位的比较、细致的分析来形成选题。在选题把关上，出版社需要建立严格的选题管理制度，由编辑、市场、社领导群策群力，共同决定选题。

2. 把关内容质量

内容质量是图书质量的基础，它取决于选题策划是否得当，作者撰写的稿件是否贯彻了选题意图、是否符合原定的撰稿要求。在实际工作中，编辑可以在组稿时请作者试写样章，如果在审读样章时发现问题，可以及时与作者协商解决。这个编辑与作者配合的阶段，是运用编辑手段提高书稿内在质量的最佳时期。编辑在书稿撰写过程中可以充分发挥业务特长来协助作者，对作者进行有效的指导，以及施加必要的影响，弥补作者在写作技巧方面的不足，保证书稿先天发育良好。另外，完善的图书内容评价机制也必不可少，出版社应形成多层次、多角度的图书内容质量评价机制，这对把关图书质量至关重要。

3. 把关版权问题

抄袭的问题在书中难以检测，依靠编辑进行甄别是否存在抄袭行为，在很大程度上也难以实现。对此问题，"防胜于查"，出版社在与作者签订合同时就应严格说明版权问题。一旦发现侵权，出版社应不包庇作者、不为作者承担惩罚，让作者自身承担惩罚，并在后续的合同签订前将此事件作为案例告知其他作者，更具警戒作用。

1.4.2 完善并落实出版企业内部质量保证制度

1. 编辑岗位及职责的精细划分

编辑至少有三大责任：其一是业务责任，即在技术层面上的观点把握；其二是政治责任，即在思想层面上的观点把握；其三是经济责任，即在利润层面上的创收指标。出版企业应根据具体情况具体分析，如具体的编辑工作应由谁来完成、相应的责任应由谁来承担，而不是采用"一刀切"。出版企业对编辑的岗位及职责应该依此有更精细的划分。

2. 解决编辑资格问题

随着出版规模不断攀升，出版企业对新的具有中级职称资格的编辑的需求日益增多。但目前的全国出版专业技术人员资格考试每年只有一次，且通过率较低（只有20%左右），这在一定程度上导致出版企业（特别是民营文化企业）从事编辑工作的人员无证上岗，进而导致出版产品质量下滑。此外，出版企业内部对《图书质量保障体系》中编辑资格的遵守也存在问题，有的出版企业对无证上岗现象习以为常，有的出版企业没有积极鼓励员工参加职称考试、未将员工的工资津贴与职称挂钩，导致从业人员无心参加出版资格考试。解决编辑资格的关键问题在于严格审查编辑资格及对出版资格考试的适度改革。

3. 做到"有法可依、有法必依"

出版企业应建立健全质量控制规章制度，明确各工作环节中的分工和责任，严格内部管理，制定奖惩措施并真正落实到位，杜绝扯皮、推诿现象，使各部门人员各司其职、各尽其责。

1.4.3 提升服务质量

优质的服务质量是出版企业树立品牌的重要保障。读者评价较好的出版企业在服务质量上往往都有严格的规章制度。出版企业需要强化"以顾客为关注焦点"的理念，在日常工作中，除了服务相关规章制度的执行，更高的要求是把服务质量要求转变成员工的日常行为。

第 2 章　理论基础

2.1　服　　务

1. 服务的界定

服务是"一种复杂的社会现象,涵盖了从内部服务到外部服务、从个人服务到产品服务,甚至还可以更广泛"。一台机器是实物产品,一旦增加了顾客要求的设计,它就成了一种服务。服务首先是一种无形的特殊活动,同时,服务也是一种观念——通过更好地与消费者沟通,满足消费者现有需求,并进一步挖掘其潜在需求,从而获得利润、创造财富、提升竞争力。

在 20 世纪五六十年代,西方国家的市场营销学界开始广泛关注"服务",并对这一概念进行系统的讨论和研究。通过总结、综合前人的理念,被称为服务管理学派奠基人之一的格罗鲁斯(Gronroos)在 1990 年对"服务"做出新的定义:"服务一般是以无形的方式,在顾客与服务职员、有形资源商品或服务系统之间发生的,可以解决顾客问题的一种或一系列行为"。同时,他还认为:服务是一种过程,这种过程是由一系列活动构成的,构成服务的这些活动都具有无形性的特征。这种过程是在服务的提供者、顾客以及有形资源(包括系统、资源和商品)三者的互动活动中进行的,这种过程为顾客解决问题或为顾客提出解决问题的方案。有形资源的作用是解决顾客提出的问题。

2. 服务的特性

服务区别于有形产品，其特性可以总结为无形性、同时性、差异性、不可储存性。

1）无形性（Intangibility）（或称为服务的抽象性、不可感知性）

服务是非实体化的、无形的、感性的，是人们实际触摸不到而需要通过体验来感知的。人们在购买服务之前，对服务是感受不到的；在购买服务以后，也只能从主观上评价和衡量它的质量效果。

2）同时性（Inseparability）（或称为不可分割性、不可分离性）

服务生产过程与消费过程是同时发生的，服务的生产过程，就是服务的消费过程，二者在时间维度上是无法分离的。

3）差异性（Heterogeneity）（或称为异质性）

在服务涉及的领域，没有两种服务是完全一致的，服务的内容及其质量水平经常随环境的变化而变化。服务性企业提供的服务不可能完全相同，很难有固定的标准或水平。

4）不可储存性（Perishability）（或称为易逝性）

服务行为很容易消失，无法储存。服务人员在为顾客完成提供服务的行为以后，服务本身也即刻消失。虽然服务性企业在提供服务前可以将提供服务所需要的场地、设备、人员等准备好，但这些仅能表示其具备服务的生产能力，而不代表服务已经被储存。同样，服务中的剩余能力不能被回收以备未来出售。因此，服务性企业的服务供给能力与顾客需求之间的平衡是非常重要的。

3. 服务的分类

多年来，随着对服务的研究不断深入，研究者对服务的分类方法也提出了很多意见，比较有代表性的分类如表 2-1 所示。

表 2-1　国外部分研究者对服务的分类

研究者 （年代）	服务的分类
托马斯（R. E. Thomas）， （1978）	将服务分成两类：以设备为主提供的服务、以人工为主提供的服务
蔡斯（Richard B. Chase）， （1981）	根据顾客和服务体系接触程度的比例，将服务可以分成三种体系：纯服务体系、混合服务体系、准制造体系
施曼纳（Roger W. Schmenner）， （1986）	根据服务性企业的劳动密集程度、顾客和服务人员相互交往和定制化程度，将服务分成：服务工厂、服务车间、大众服务、专业服务
洛伍劳克（Christopher H. Lovelock）， （1983）	分别根据服务行动的性质和对象、服务性企业与顾客之间的关系和服务传递性质、服务定制化程度和服务人员主观判断程度、服务供求关系、服务传递方式和服务网点的设置对服务进行了分类

2.2　服务质量理论

2.2.1　服务质量的概念

自 20 世纪 70 年代国际学术界对服务质量管理开始进行探索，多年来，学者们对服务质量的相关问题进行了大量有价值的研究。

服务质量的概念引申自有形产品质量的概念。人们对于有形产品质量的认识包括：无瑕疵、符合某种规范或标准、对顾客需求的满足程度、"内部失败"与"外部失败"的发生率。服务的特性使其形成的服务质量的概念与有形产品有显著的区别。

国外学者从不同的角度提出了"服务质量"的概念，如表 2-2 所示。

表 2-2 服务质量概念

学者 (年代)	基本观点
萨瑟(Sasser) (1978)	服务表现为三个层面：材料、设备、人员。服务质量不仅包含最后的结果，还包括提供服务的方式
罗尔博(Rohrbaugh) (1981)	服务质量由人员质量、过程质量和结果质量三部分组成
丘吉尔(Churchill)、休普瑞南(Suprenant) (1982)	对服务的满意程度，取决于实际的服务与原来期望的差异
格罗鲁斯(Gronroos) (1982)	服务质量包含技术质量（服务结果）和功能质量（服务过程）两部分
莱特南(Lehtinen) (1982)	服务质量包含三个层面的内容：有形质量、公司质量、互动质量
PZB（A. Parasuraman、Valarie A. Zeithaml、Leonard L. Berry） (1985, 1988)	服务质量取决于顾客购买前期望、感知的过程质量和感知的结果质量，服务质量是这三项的乘积。顾客对服务质量的衡量标准：可靠性、响应性、能力、接近性、礼貌性、沟通性、信赖性、安全性、了解性、有形性。1988 年，这 10 个因素被缩减为 5 个因素，即可靠性、响应性、保证性、移情性、有形性
格罗鲁斯(Gronroos) (2000)	良好的服务质量的维度有 7 项： (1) 职业作风与技能； (2) 态度与行为； (3) 服务得以获得性与灵活性； (4) 可靠性与信任性； (5) 服务补救能力； (6) 服务环境组合； (7) 声誉与信用。 其中，(1) 为技术质量，(2) ~ (6) 为功能质量，而 (7) 为感知质量"过滤器"

2.2.2 顾客感知的服务质量的概念

1. 格鲁斯服务质量模型

20世纪80年代初期,芬兰的克里斯廷·格罗鲁斯对服务质量的内涵进行了较为科学的界定,提出了顾客感知的服务质量概念以及较早的服务质量模型架构。

格罗鲁斯认为,服务质量是一个主观范畴,是顾客对服务期望和实际感知的比较。同时,他还提出可以将服务质量分解为技术质量、功能质量。技术质量是指服务过程的产出,即消费者最终从服务过程中得到的东西;功能质量主要涉及服务的过程。顾客感知服务质量并不取决于技术质量和功能质量这两个要素,而是取决于顾客期望与实际感知的差距。服务质量模型是关于顾客的感知服务质量相对于他的期望服务的差异比较,如果顾客对服务的感知水平高于其预期水平,则顾客获得较高的满意度,认为企业具有较高的服务质量水平;反之,则会认为企业的服务质量较低。格罗鲁斯的顾客感知服务质量模型在服务质量的研究历史上具有里程碑意义,是最早建立起来的、最具权威的模型之一,为后来学者们对顾客感知服务质量的研究奠定了理论基础。从此,顾客感知的服务质量管理研究全面展开。

1988年和2000年,格罗鲁斯对原服务质量模型作出了修正,如图2-1所示。

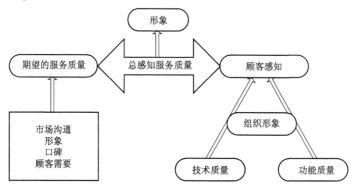

图 2-1 格罗鲁斯服务质量模型

新模型的最大改进是对企业形象给予了特别的关注。企业形象对于顾客感知服务质量的高低起着异常重要的影响作用。

2. PZB 服务质量差距模型

1985年，美国的研究组合——帕拉索拉曼（A. Parasuraman）、泽斯曼尔（Valarie A. Zeithaml）和贝里（Leonard L. Berry）三位学者（PZB）发表了论文 *A Conceptual Model of Service Quality and Its Implication for Future Research*，提出了服务质量差距模型，如图 2-2 所示。

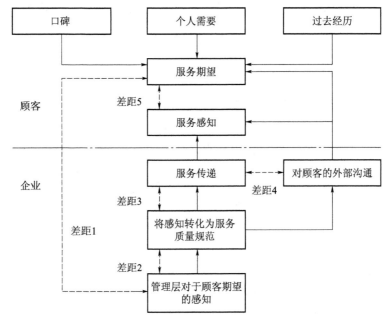

图 2-2　PZB 服务质量差距模型

该模型依时间顺序将服务质量的传递过程进行层层细化，以便人们从此模型中找到影响质量差距的环节和原因。PZB 的服务质量差距模型中有如下 5 个差距：

（1）管理者理解的差距。

（2）服务质量规范的差距。

（3）服务传递的差距。

（4）承诺的差距。

（5）顾客服务期望与服务感知的差距。

1993年，PZB对他们之前提出的服务质量差距模型作了修改，将顾客的"容忍区域"加到新的顾客感知服务质量模型之中。理想服务和适当服务之间的区域就是容忍区域，顾客就是通过比较这两个水平来评估服务质量的。他们还将顾客的预期服务作了细化和分解，如图2-3所示。

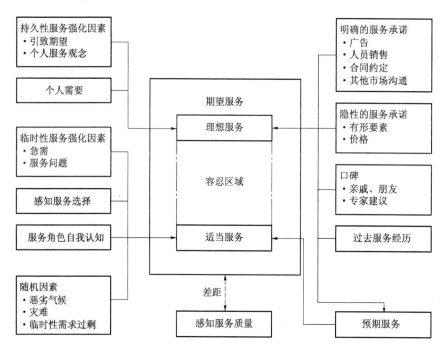

图2-3　PZB顾客感知服务质量模型（1993年修改）

PZB的感知服务质量模型解决了一系列关于服务质量的问题，具有重大意义。

（1）为企业对于服务质量的管理奠定了理论基础。

"服务质量差距模型"的提出，使企业清晰地了解到应从哪些方面对服务质量进行监控和管理。

（2）"感知服务质量模型"中"容忍区域"理论的提出，提高了该模型的实际应用价值。

引入了"容忍区域"的概念后,企业的服务质量水平即使在该区域内有波动,顾客仍将是认可企业的服务的,或会感到满意。这点可以帮助企业在与其顾客进行沟通时明确,必须首先了解顾客,其次一定要使用顾客能理解的"语言"。

2.2.3 顾客感知服务质量评价

1. SERVQUAL 评价方法

1) SERVQUAL 模型的提出

SERVQUAL 评价法是建立在顾客感知服务质量概念的基础上的。1985 年,PZB 建立了服务质量的评价体系,包含 10 个维度、97 个测试项目。10 个维度包括:可靠性、响应性、能力、接近性、礼貌性、沟通性、可信性、安全性、了解性、有形性。

1988 年,PZB 通过实证研究,对评价服务质量的 10 个因素作了修正,在论文 SERVQUAL: *A Multiple-Item Scale for Measuring Consumer Perceptions of Service Quality* 中将其缩减到 5 个因素、22 个项目,称为"五维度",如图 2-4 所示。

2) SERVQUAL 五维度

(1) 可靠性:可靠地、精确地履行服务承诺的能力。

(2) 响应性:愿意并能及时地为顾客提供服务。

图 2-4 SERVQUAL 方法的产生

(3) 保证性：员工的知识、礼貌以及能让顾客产生信任感的能力。

(4) 移情性：关心、照顾，能为顾客提供个性化的服务。

(5) 有形性：物质设施、设备以及员工的外表。

SERVQUAL 每个维度对应的项目具体内容如表 2-3 所示。

表 2-3 SERVQUAL 五维度的 22 个项目

维度	项目
可靠性	(1) 公司对顾客所承诺的事情都能及时地完成 (2) 顾客遇到困难时，能表现出关心并提供帮助 (3) 公司是可靠的 (4) 能准时地提供所承诺的服务 (5) 正确记录相关的服务
响应性	(6) 不能指望他们告诉顾客提供服务的准确时间 (7) 期望他们提供及时的服务是不现实的 (8) 员工并不总是愿意帮助顾客 (9) 员工因为太忙以至于无法立即提供服务、满足顾客的需求
保证性	(10) 员工是值得信赖的 (11) 在从事交易时顾客会感到放心 (12) 员工是有礼貌的 (13) 员工可从公司得到适当的支持，以提供更好的服务
移情性	(14) 公司不会针对不同的顾客提供个别的服务 (15) 员工不会给予顾客个别的关怀 (16) 不能期望员工会了解顾客的需求 (17) 公司没有优先考虑顾客的利益 (18) 公司提供的服务时间不能符合所有顾客的需求
有形性	(19) 有现代化的服务设施 (20) 服务设施具有吸引力 (21) 员工有整洁的服装和外表 (22) 公司的设施与他们所提供的服务相匹配

SERVQUAL 评价模型如图 2-5 所示。

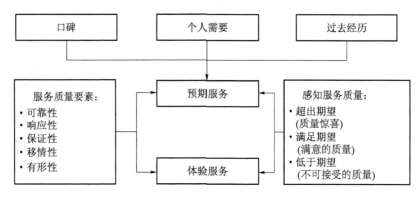

图 2-5 SERVQUAL 评价模型

2. SERVQUAL 模型的应用

目前，SERVQUAL 模型在零售、饮食、银行、保险、图书馆、宾馆、医院、高等教育机构等众多行业得到了广泛应用。

在餐饮服务领域，Stevens P、Knutson B 和 Patton M 于 1995 年基于 SERVQUAL 模型开发了 DINESERV 指标体系。DINESERV 指标体系包括以下 29 项指标：

（1）有看得见的引人注目的停车区域和建筑外观。

（2）有看得见的引人注目的餐饮区域。

（3）有干净、整洁，并且衣着适宜的员工。

（4）有符合其形象和价格幅度的装饰布置。

（5）有简单易读的菜单。

（6）有看得见的、引人注目的、能够反映餐厅形象的菜单。

（7）有舒适的餐饮区域，顾客能方便地在这片区域里走动。

（8）有十分干净的洗手间。

（9）有十分干净的就餐区域。

（10）在餐厅有舒适的座位。

（11）按承诺的时间给予服务。

（12）迅速纠正任何错误。

（13）可靠（可信赖）、始终如一。

（14）能提供准确的账单。

（15）能准确提供顾客预订的食物。

（16）在业务繁忙的时段，能增加员工的数量以确保服务的速度和质量。

（17）能提供快速的服务。

（18）为了顾客的特殊要求而付出额外努力。

（19）有能够完整地回答你的问题的员工。

（20）在顾客与他们打交道时，能让顾客觉得舒服、自信。

（21）有能够并且愿意给顾客提供关于菜单项目、其原料和制作准备方法的信息的员工。

（22）使顾客觉得个人有安全。

（23）有看上去训练有素、有能力、经验丰富的员工。

（24）能给员工提供相关支持，以便他们能比较好地完成工作。

（25）有对顾客的个人需要和想法有灵敏嗅觉的员工，他们不总是依赖于规章和程序。

（26）让顾客觉得自己很特别。

（27）预见到顾客的个人需要和想法。

（28）如果存在错误，有具有同情心的、可靠的（让人安心的）员工（注：能发现和解决问题）。

（29）看上去心中存有顾客的最大利益。

2.3　服务运营管理理论

运营管理理论起源于工业化时期的制造业的生产管理，核心是流程管理。随着服务经济的到来，虽然服务的特殊性使服务流程管理异常复杂，但服务运营管理理论及实践已经蓬勃发展起来。其中，代表服务流程管理核心的服务蓝图理论得到了广泛应用。

2.3.1 服务运营管理

1. 服务运营管理概念

服务运营管理是指对服务业企业所提供服务的开发设计及服务提供过程的管理,是对服务运营过程及其运营系统的设计、计划、组织和控制。

2. 服务运营管理特点

1)服务业是以人为中心组织运营

从运营的基本组织方式上说,制造业以产品为中心组织运营,而服务业以人为中心组织运营。

制造业企业通常根据市场需求预测或订单来制订生产计划,并在此基础上采购所需物料,安排所需设备和人员,然后开始生产。在生产过程中,由于设备故障、人员缺勤、产品质量问题等引起的延误都可以通过预先设定一定量的库存和富余产量来调节。因此,制造业企业的运营管理是以产品为中心展开的,主要控制对象是生产进度、产品质量和生产成本。

服务业的运营过程往往是人对人的,它的需求有很大的不确定性,难以预先制订周密的计划;在服务过程中,即使是预先规范好的服务程序,仍然会由于服务人员的随机性和顾客的随机性而产生不同的结果。因此,服务业运营活动的组织主要是以人为中心来考虑的。

2)服务和服务提供系统必须同时设计

在制造业,产品和生产系统可分别设计;在服务业,服务和服务提供系统必须同时设计。对于制造业来说,同一种产品可以采用不同的生产系统来制造(如可以采用自动化程度截然不同的设备),产品和生产系统的设计是可以分别进行的;对于服务业来说,服务提供系统是服务本身的一个组成部分(即服务的"环境"要素),不同的服务提供系统会形成不同的服务特色,即不同的服务产品,因此这二者的设计是不可分离的。

3）服务能力的规划具有挑战性

制造业企业可以用库存来调节供需矛盾，而服务业企业往往无法用库存来调节供需矛盾。市场需求往往是波动的，而企业的生产能力通常是一定的。制造业企业对应这种需求波动的方法主要是利用库存，预先把产品制造出来，以满足高峰时的需求或无法预期的需求。因此，制造业企业可以充分利用一定的生产能力。而对于很多服务业企业来说，却无法预先把服务提前"生产"出来供应给其后的顾客。例如，航空公司某航班的空座位无法被存起来以出售给第二天的顾客，旅店的空余房间也无法放在架子上等第二天再卖。对于服务业企业来说，其所拥有的服务能力只能在需求发生的同时加以利用。因此，服务能力的规划具有很强的特殊性。

4）运营过程管理中离不开顾客的管理

制造业企业的生产系统是封闭式的，顾客在生产过程中不起作用；服务业企业的运营系统是非封闭式的，顾客在服务过程中会起一定作用。在有形产品的生产过程中，顾客通常不介入，不会对产品的生产过程产生任何影响。而在服务业企业中，"顾客就在你的工厂中"。由于顾客参与其中，顾客有可能起积极作用，也可能起消极作用。在前者的情况下，企业有可能利用这种积极作用来提高服务效率、提高服务设施的利用率；在后者的情况下，企业必须采取一定的措施来防止这种干扰。因此，服务运营管理的任务之一，就是尽量使顾客的参与能够对服务质量的提高、效率的提高等起到积极作用。

5）服务运营管理的职能集成化

在制造业企业，"生产运营""销售""人力资源管理"这三种职能的划分是明显的，而在服务业企业，这样的职能划分是模糊的。对于制造业企业来说，产品生产与产品销售是发生在不同时间段、不同地点的活动，很多产品需要经过复杂的流通渠道才能到达顾客手中，因此这两种职能划分明显，分别由不同人员、不同职能部门来担当。此外，由于制造业企业的生产运营管理以产品为中心，加工制造过程和产品质量由严格的技术规范来控制，人的行为因素对生产结果不会产生太大的影响。而对于服务业企业来说，由于是人对人的运营，人的行为因素（如人的态度和技能）对服务结果很关键，而且服务生产与服务销售同时发生，因此很难清楚地区分生产与销售这两种职能。所以，服务运营管理必须树立三者集成的观念，用一种集成的方法来进行管理。

6）服务选址靠近顾客

在服务业，由于生产与消费同时发生，所以对大多数服务业企业来说，提供者与顾客必须处在同一地点，不是顾客去服务的提供地（如去餐馆就餐），就是提供者来找顾客（如上门服务）。因此，制造业中的传统分销渠道并不适用于服务业。为了方便顾客，服务设施必须分散化，并尽量靠近顾客，这样就限制了每一座设施规模的扩大，也使服务业企业的管理者对分散设施的管理和控制难度进一步加大。

7）人力资源管理是第一关键因素

与制造业组织相比，服务业组织中员工的地位更重要。首先，服务基本上是一个以人为中心的运营过程，员工的表现对其运营效率的影响极大；其次，员工本身的技能和知识对服务结果有着重要的影响；再次，在服务业中，没有愉快的员工就没有愉快的顾客，对员工的激励以及员工的态度是决定服务水平和服务效果的重要因素。

同时，与制造业不同，服务业中的技术进步更多地体现为员工技能的更新和管理水平的提高。因此，人员的长期培训对服务业企业更为重要。

8）服务质量衡量与评价主观、复杂

衡量服务业组织的产出比衡量制造业要复杂得多。数量标准对很多服务业组织来说，并不能成为很重要的标准，因为质量与效果更为重要，而服务质量本身就比制造业中的质量更难定义和描述，也更难精确评价。另外，许多服务业组织具有多元化的目标，着眼于长期利益和社会利益（如公共管理、教育和医疗）。而且，对服务业组织来说，即便在投入相同的情况下，也不能简单地通过收入、成本等数据来评价其绩效，其以人为中心的运营性质使服务过程所产生的结果隐性化、复杂化。所有这些，都使对服务业组织的衡量和评价更加困难。

2.3.2 服务蓝图

1. 服务蓝图的概念

服务蓝图不仅包括横向的客户服务过程，还包括纵向的内部协作，它是描绘整个服务前台、中台、后台构成的全景图。

顾客常常会希望提供服务的企业全面地了解他们同企业之间的关系。但是，服务过程往往是高度分离的，由一系列分散的活动组成，这些活动又是由无数不同的员工完成的。因此，顾客在接受服务的过程中很容易"迷失"，会感到没有人知道他们真正需要的是什么。为了使服务企业的所有部门和员工了解服务过程的性质，服务企业有必要把这个过程的每个部分按步骤画出流程图，这就是服务蓝图。

由于服务具有无形性，较难进行沟通和说明，这不但使服务质量的评价在很大程度上依赖于主观感觉和主观判断，更给服务设计带来了挑战。20 世纪 80 年代，美国学者 Gly 等人将工业设计、决策学、后勤学和计算机图形学等学科的有关技术应用到服务设计方面，为服务蓝图的发展做出了开创性的贡献。

2. 服务蓝图的构成

服务蓝图包括顾客行为、前台员工行为、后台员工行为和支持过程。

（1）顾客行为部分包括顾客在购买、消费和评价服务过程中的步骤、选择、行动和互动。服务蓝图的这一部分围绕顾客在采购、消费和评价服务过程中所采用的技术和评价标准展开。

（2）与顾客行为平行的部分是前台员工行为。那些顾客能看到的服务人员表现出的行为和步骤是前台员工行为。服务蓝图的这一部分则围绕前台员工与顾客的相互关系展开。

（3）那些发生在幕后、支持前台行为的雇员行为称为后台员工行为。服务蓝图的这一部分围绕支持前台员工的活动展开。

（4）蓝图中的支持过程部分包括内部服务和支持服务人员履行的服务步骤和互动行为。服务蓝图的这一部分覆盖了在传递服务过程中所发生的支持接触员工的各种内部服务、步骤和各种相互作用。

以上四个主要的行为部分由三条分界线分开。

第一条分界线是外部互动分界线，表示顾客与组织间的直接互动。一旦有一条垂直线穿过了互动分界线，即表明顾客与组织间直接发生接触或一个服务接触产生。

第二条分界线是极为关键的可视分界线，这条线把顾客能看到的服务行为与看不到的服务行为分开。我们在看服务蓝图时，从分析多少服务在可视分界线以上发生、多少在可视分界线以下发生入手，可以很轻松地得出顾客是否被提供了很多可视服务。这条线还把服务人员在前台与后台所做的工作分开。例如，在进行医疗诊断时，医生既进行诊断和回答病人问题的可视（或前台）工作，也进行事先阅读病历、事后记录病情的不可视（或后台）工作。

第三条分界线是内部互动分界线，用以区分服务人员的工作和其他支持服务的工作和工作人员。垂直线穿过内部互动线代表发生内部服务接触。

服务蓝图的最上面是服务的有形展示。最典型的方法是在每一个接触点的上方都列出服务的有形展示，如图2-6所示。

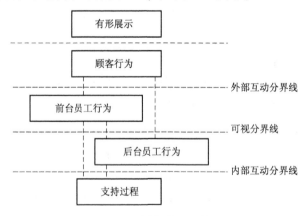

图 2-6 服务蓝图示意

3. 服务蓝图的绘制

在绘制服务蓝图时，应按如下步骤：

（1）研究顾客经历服务要素的顺序。研究方法一般为观察法。

（2）把顾客的经历画成一套流程图。

（3）研究服务递送系统的特征。

（4）把服务递送的要素画成流程图。

（5）分析服务递送系统中顾客的经历，确定失败点。研究者从顾客的角度，分析影响顾客感知服务质量的关键点。

（6）评估现有服务递送系统缺点的代价（即对服务递送系统中的失败点所造成的损害进行评估）。如果对这些失败点管理不当，将会大大降低顾客的感知质量，无法保证顾客的忠诚度，难以形成"常客"和"回头客"，尤其是这些顾客关于公司服务质量低下的不良口碑传播将给公司带来潜在损失。

（7）评价改进机会及评测改进成本。

2.3.3 关键时刻

1. 关键时刻的概念

关键时刻（Moments of Truth，MOT）这一理论是由北欧航空公司前总裁詹·卡尔森创造的。他认为，关键时刻就是顾客与北欧航空公司的职员面对面相互交流的时刻，放大之，就是指客户与企业的各种资源发生接触的那一刻。这个时刻决定了企业未来的成败。卡尔森在1981年进入北欧航空公司担任总裁的时候，该公司已连续亏损且金额庞大，然而不到一年时间卡尔森就使公司扭亏转盈。这样的业绩完全得益于北欧航空公司员工认识到：在这一年与每一位乘客的接触中，包含了上千万个"MOT"，如果每一个MOT都是正面的，那么客户就会更加忠诚，为企业创造源源不断的利润。

卡尔森提出：平均每位顾客接受其公司服务的过程中，会与五位服务人员接触；在平均每次接触的短短15秒内，就决定了整个公司在顾客心中的印象。因此，卡尔森给出定义：与顾客接触的每一个时间点即为关键时刻，它是从人员的 A（Appearance）外表、B（Behavior）行为、C（Communication）沟通三方面来着手。这三个方面给人的第一印象所占的比例分别为外表 52%、行为 33%、沟通 15%，它们是影响顾客忠诚度及满意度的重要因素。

2. 关键时刻的种类

（1）第一关键时刻（First Moment of Truth，FMOT）——接触时刻：当顾客开始接触和面对实体店或实际生活中的服务提供者时，包括服务人员和服务系统。

（2）第二关键时刻（Second Moment of Truth，SMOT）——体验时刻：当顾客决定购买和开始体验服务质量时。

（3）第三关键时刻（Third Moment of Truth，TMOT）——反馈时刻：当顾客通过口口相传或社交媒体发布信息，针对所体验的服务作出反应、给出反馈和评价时。

（4）零关键时刻（Zero Moment of Truth，ZMOT）——网络调研时刻：（由谷歌公司在 2011 年提出）是指当顾客在采取购买行动之前，在网络上对各个品牌的服务评价调研的时间。按照谷歌公司的调研结果，88%的顾客在实际购买之前会做网络调研。

（5）小于零关键时刻（The Less than Zero Moment of Truth，<ZMOT）——事件刺激时刻：是指顾客生活中某个事件的发生到零关键时刻之间的这段时间。

现在，顾客接触品牌或厂家数量正逐渐减少，见图 2-7 中的横放漏

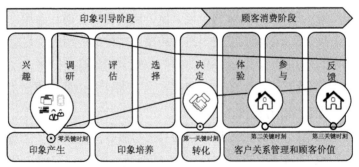

图 2-7　不同类型关键时刻示意

斗形图框，以及图 2-8 中的曲线。

不同类型关键时刻及其与不同时间和品牌数量的关系如图 2-7 和图 2-8 所示。

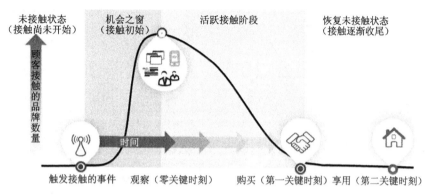

图 2-8　不同类型关键时刻与时间、品牌数量关系示意

2.3.4　需求层次理论

需求层次理论，即马斯洛需求层次理论，是美国犹太裔人本主义心理学家亚伯拉罕·马斯洛于 1943 年在《人类激励理论》一书中提出的一种关于人的需求结构的理论，该理论将人类的需求像阶梯一样从低到高按层次分为五种，分别是生理需求、安全需求、社交需求、尊重需求和自我实现需求，是行为科学理论之一。该理论基于三个基本假设，即：人要生存；他的需求能够影响他的行为；只有未满足的需求能够影响行为，满足了的需求不能充当激励工具。马斯洛需求层次理论如图 2-9 所示。

1. 生理需求

这是人类维持自身生存的最基本要求，包括：呼吸、水、食物、睡眠、生理平衡、分泌、性。

如果这些需求（除了性）中的任何一项得不到满足，人类个体的生理机能就无法正常运转。换而言之，人类的生命就会因此受到威胁。从这个意义上说，生理需求是推动人们行动的最首要动力。马斯洛认

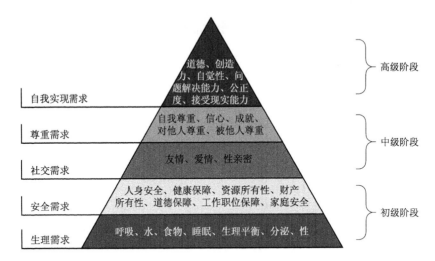

图 2-9 马斯洛需求层次理论

为，只有这些最基本的需求满足达到维持生存所必需的程度后，其他的需求才能成为新的激励因素，而到了此时，这些已相对满足的需求也就不再成为激励因素了。

2. 安全需求

这一层次的需求包括：人身安全、健康保障、资源所有性、财产所有性、道德保障、工作职位保障、家庭安全。

马斯洛认为，整个有机体是一个追求安全的机制，人的感受器官、效应器官、智能和其他能量主要是寻求安全的工具，甚至可以把科学和人生观都看成满足安全需求的一部分。当这种需求相对得到满足后，就不再成为激励因素了。

3. 社交需求

这一层次的需求包括：友情、爱情、性亲密。

人人都希望得到相互的关心和照顾。感情上的需求比生理上的需求更细致，这和一个人的生理特性、经历、教育、宗教信仰都有关系。

4. 尊重需求

这一层次的需求包括：自我尊重、信心、成就、对他人尊重、被他人尊重。

人人都希望自己有稳定的社会地位，期待个人的能力和成就得到社会的承认。尊重需求又可以分为内部尊重和外部尊重。内部尊重是指一个人希望在各种不同的情境中有实力、能胜任、充满信心、能独立自主。外部尊重是指一个人希望有地位、有威信，受到别人的尊重、信赖和高度评价。马斯洛认为，尊重需求得到满足后，能使人对自己充满信心、对社会满腔热情，能使人体验到自己活着的用处和价值。

5. 自我实现需求

这一层次的需求包括：道德、创造力、自觉性、问题解决能力、公正度、接受现实能力。

这是最高层次的需求，它是指实现个人的理想、抱负，发挥个人的能力到最大程度，达到自我实现境界的人，接受自己也接受他人，解决问题能力增强，自觉性提高，善于独立处事，要求不受打扰地独处，完成与自己的能力相称的一切事情的需求。也就是说，人必须干称职的工作，才会使自己感受到最大的快乐。马斯洛提出，为满足自我实现需求所采取的途径是因人而异的。自我实现需求是努力实现自我的潜力，能使自己越来越成为自己所期望的人物。

1954 年，马斯洛在《激励与个性》一书中探讨了他的早期著作中提及的另外两种需求：求知需求和审美需求。这两种需求未被列入他的需求层次排列中，他认为这二者应居于尊重需求与自我实现需求之间。于是，有人将其组成了 7 个层次。

马斯洛和其他行为心理学家都认为，一个国家多数人的需求层次结构，是与这个国家的经济发展水平、科技发展水平、文化和人民受教育的程度直接相关的。在不发达国家，生理需求和安全需求占主导的人数比例较大，而高级需求占主导的人数比例较小；在发达国家，则刚好相反。

服务管理的首要任务是人的管理，包括顾客和员工。所以，对需求层次理论的理解和创新，是中国服务创新的源泉。

第 3 章　出版服务质量界定

3.1　出版服务内涵及外延

3.1.1　出版服务内涵

格罗鲁斯在 1990 年提出:"服务一般是以无形的方式,在顾客与服务职员、有形资源商品或服务系统之间发生的,可以解决顾客问题的一种或一系列行为。"笔者在 2003 年提出:"服务不仅是一种无形的特殊活动,而且是一种观念,它的实质是更好地与消费者沟通,挖掘消费者现有的或潜在的需求,并最大限度地满足需求,获得利润、创造财富,取得竞争力。"在这里,服务的关键是服务的对象,不管是读者、作者,还是社会,其需求是什么、需要解决的问题是什么。

出版服务是出版企业在为读者、作者以及社会解决问题、提供需求的过程中,双方发生的一系列活动和行为。出版服务需求方包括读者、作者以及社会;出版服务供给方包括服务人员、有形资源商品(出版物)以及服务系统。

2016 年 2 月,国家新闻出版广电总局和中华人民共和国工业和信息化部联合发布《网络出版服务管理规定》(自 2016 年 3 月 10 日起施行),该规定中定义"网络出版服务,是指通过信息网络向公众提供网络出版物""网络出版物,是指通过信息网络向公众提供的,具有编辑、制作、加工等出版特征的数字化作品,范围主要包括:(一)文学、艺术、科学等领域内具有知识性、思想性的文字、图片、地图、游戏、动漫、音视频读物等原创数字化作品;(二)与已出版的图书、报纸、期刊、音像制品、电子出版物等内容相一致的数字化作品;(三)将上述作品通过选择、编排、汇集等方式形成的网络文献数据库等数字化作品;(四)国家新闻出版广电总局认定的其他类型的数字化作品"。

出版服务内涵从内到外包括五层:基本服务、配套服务、辅助服务、内部沟通、外部沟通,如图3-1所示。

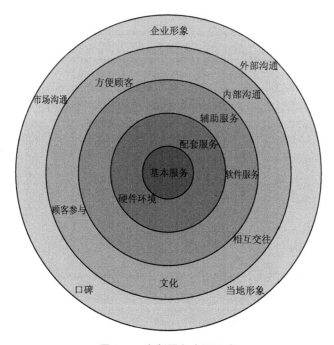

图3-1 出版服务内涵示意

1. 基本服务

基本服务是服务性企业为顾客提供的基础性、功能性服务。例如,旅馆的基本服务是住宿服务,民航公司的基本服务是客运服务,餐饮服务的基本服务是饮食体验。出版服务是为读者提供教育、娱乐、工具等服务；为作者提供固化并宣扬其理论等服务；为社会提供知识传播、文化传承、推动进步等服务。基本服务的特点如下：

1）以顾客为导向

重视顾客感知和体验，站在顾客角度，提供满足顾客需求的基本功能性服务。

2）创新性与不断改进

随着顾客的口味、顾客的期望以及现代技术的不断变化，服务性企业应不断创新和改进服务内容和服务传递过程、方式。例如，美团、饿了么、Doordash 等餐饮快递平台的出现，就是充分利用现代技术满足了顾客在现代快节奏社会中的需求。

3）有效性

提供顾客需要的功能服务才是有效服务，提供的一切顾客不需要的服务都是无效服务。

2. 配套服务

配套服务是指服务性企业为了保证满足顾客的基本服务而提供的必要的服务。这类服务在行业内已经形成了基本共识和标准化的配置。例如，民航公司提供的登记服务，餐馆提供的预订服务、接待服务和停车服务。配套服务的特点如下：

1）规范化

规范化是指在经济、技术和科学及管理等社会实践中，对重复性事物和概念，通过制定、发布和实施标准（规范、规程和制度等）达到统一，以获得最佳秩序和社会效益。配套服务在行业内或企业内已经达成基本共识，已经是重复性服务。

2）标准化

标准化为服务的科学管理奠定了基础。虽然整体服务的标准化存在困难，但是具有重复性特征的配套服务的标准化可以促进服务的统一、协调、高效率，可以提高服务质量，可以使新技术、新方法得到迅速推广和应用，可以促进技术进步。

3）程序化

程序化是指服务的生产有法可依，提高服务结果的统一性、可靠性和一致性。

3. 辅助服务

辅助服务，也指服务性企业为顾客提供的一些额外服务。这类服务与配套服务的区别是：顾客要消费基本服务，就必须消费配套服务，却不必消费辅助服务。辅助服务的作用是提高基本服务的消费价值，使本企业的服务与竞争对手的服务区别开来，提高本企业的竞争力。例如，餐馆的餐桌摆设和菜品介绍，旅馆的餐饮服务和旅馆客房内的洗发剂和擦鞋纸。辅助服务的特点如下：

1）移情性

服务性企业站在顾客的角度，诚心待客，用心做事，想顾客所想，做顾客想做，急顾客所急，让顾客放心，获得顾客的信任和忠诚。

2）个性化

服务性企业应主动用心发现顾客的个性化需求和困难，并及时给予解决。让顾客有参与感；让顾客感到在与企业的有效交流过程中，企业始终关注顾客发出的信息，而且能够在感情上分享或分担顾客的喜悦和忧愁。

4. 内部沟通

服务性企业为顾客提供满意的服务，不但需要一线服务员工的努力，而且需要所有员工（包括后台职能管理员工和干部）的支持。顺畅的内部沟通机制和重视有效沟通的企业文化建设是顾客满意的保证。内部沟通的特点如下：

1）重视顾客的意见

顾客的意见是一种稀有财产，顾客的意见意味着顾客对企业服务的关心、关注和信任。服务性企业如果要保证顾客的意见得到及时反馈和实施，就需要建立自下而上的沟通机制。

2）重视一线员工的意见和建议

由于服务的生产与消费的同时性，一线员工与顾客的互动最多，他们是"听得见炮声的战士",他们的意见和建议可以等同于顾客的需求反应。

3）员工不满意,顾客就没有办法满意

员工管理是服务业管理的第一要务,没有满意的员工就没有满意的顾客。运用马斯洛需求层次理论建立科学的员工管理体系,从企业组织层面到非企业组织层面的社团,以及员工文化建设。

5. 外部沟通

企业形象在服务传递的过程中作用巨大,外部沟通至关重要。外部沟通的渠道包括以下几方面：

1）口碑

服务的无形性使其比有形产品要难以传播扩散。

2）市场沟通

在市场沟通活动中,服务性企业要巧妙地使用各种有形展示与现有顾客和潜在顾客达到良好的市场沟通,提高企业优质服务的市场形象,把无形的服务通过有形的展示使消费者了解和相信本企业的各种进步和变化。

3）业界沟通

服务性企业应重视与同行搭建共同进退的平台、合并供应链,利用规模经济和网络效应提高竞争力。

4）企业形象

由于服务的无形性,企业形象的作用是显著的。良好的企业形象可以提高顾客感知的服务质量,不利的企业形象会降低顾客感知的服务质量。企业形象的设立可以通过广告、品牌、图徽、象征物、口碑等可视的、有形的或者可信的方式传达给顾客,以达到有效沟通。

5）社会责任

社会责任是指一个组织对社会应该担负的责任。一个组织应以一种有利于社会的方式经营和管理。社会责任通常指组织承担的高于组织自己目标的社会义务。企业通过承担地方的、国家的社会公益活动与社会达成良好沟通。

3.1.2　出版服务外延

1. 出版服务精准匹配供需、高效配置资源

中国服务倡导顾客导向，从顾客感知角度出发、以市场所需为标准来配置资源、调整供给结构，由之前的以企业为中心、把设计和生产的产品和服务推向市场的模式改变为由市场拉动生产的模式，满足顾客个性化精准需求，达到高效配置资源的目的。

服务的无形性、同时性、差异性、不可储存性等增加了服务管理的复杂性和艰巨性，导致服务管理水平很难得到提高。

出版服务倡导顾客导向，缩小供给与需求的差距，提升整体服务质量和服务水平。

2. 中国服务打造平台化企业、创客化员工、个性化顾客

中国服务倡导为员工提供创新、创业的平台，"我的地盘我做主"极大地激励了员工的创新动力，能提供让顾客感动的服务。出版服务也需要从这三个方面来努力和创新。

1）平台化企业

这里包括系统化的机制、严谨的制度规范和企业文化建设。在现代技术的支撑、政策环境的支持、顾客需求的推动下，中国服务企业平台的建设顺应潮流、势在必行。

2）创客化员工

从感情上说，服务的文化是贴近顾客的亲情化的文化。创客化员工就是要求员工走出刻板的服务方式，转换角色，根据客人的年龄或特征来和自己的亲人类比，把客人当成自己的亲人，用对待亲人的情绪、情感来体验客人的需求，用心、用情关照客人，提供最优服务，让客人感到在这里比在自己家里更舒适、更方便、更富有人情味，是充满亲情的"家外之家"。中国服务需要员工的创客定位，用心、用情来进行创新。

3）个性化顾客

中国服务坚持"以顾客为导向"的核心文化理念，把"家人"和

"亲情"的概念作为它的基本内涵，在服务中注入情感元素，集中体现"把客人当亲人，客人永远是对的"经营理念，为顾客打造个性化的服务。

3. 匠人精神

出版服务提倡精益求精，提倡不断完善和提升，提倡精准满足顾客的需求，提倡专业、热情、用心、敬业、团队、亲情和执着，出版服务完美地诠释了工匠精神。

1）精益求精

出版服务提供者对提供的服务精心设计、精雕细琢、精益求精，坚持以体现细微、个性和亲情的优质服务给客人留下美好的第一印象。出版服务提供者对细节有很高的要求，追求完美和极致，对精品有着执着的坚持和追求，不惜花费时间和精力来孜孜不倦地追求，反复改进产品。

2）严谨，一丝不苟

用心、用情做事，不投机取巧，不达要求绝不停止。

3）耐心，专注，坚持

目标定了，方法也正确，要成功就需要耐心、专注和坚持。不断创新和提升服务，在专业领域上追求进步。

4）专业，敬业

出版服务提供者为了打造本行业最优质的产品，打造同行无法匹敌的卓越产品，不仅需要敬业的精神，还需要专业的能力和素质。

3.2　出版服务质量构成

如前所述，出版服务质量由两部分组成：有形服务质量（主要是呈现为纸质或数字形态的出版物的质量）；无形服务质量（包括"编、印、发"过程中与读者、作者、社会等方面发生的无形的服务关联）。

出版服务质量管理的重要性日益显现。以图书为例，目前检查图书质量，往往看重的是编校质量（即图书差错率）或印制质量，但这是远远不够的。图书质量的好坏，尤其是出版物的社会效益，主要取决于其内容质量，内容质量是出版行业文化服务功能的主要体现。

出版服务质量由出版服务质量的设计、生产、控制、反馈四大部分组成。

3.2.1　出版服务质量的设计

出版服务质量设计的关键是做好服务体系设计和服务过程设计。服务体系设计包括基本服务设计、配套服务设计、辅助服务设计，服务过程设计包括内外部沟通体系设计。我们强调顾客感知服务质量，因此，服务提供者与顾客之间的沟通质量以及企业内部信息沟通渠道的通畅对顾客感知服务质量起着决定性的作用。

出版服务质量设计包括基本服务设计、配套服务设计、辅助服务设计、内部沟通设计、外部沟通设计，如图 3-2 所示。

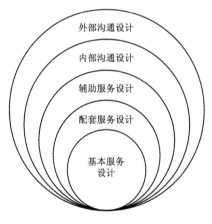

图 3-2　出版服务质量设计

3.2.2　出版服务质量的生产

从顾客感知的角度看，直接影响顾客感知服务质量的因素有两个方面：一是服务的产出；二是在服务过程中直接与顾客交互的部分（服务过程中有些环节是顾客直接感知不到的，如与前台服务同时进行的后台服务）。因此，我们可以把顾客感知服务质量分为两大要素：一是产出质量；二是交互质量。后者在广义上包含各种形式的交互，在狭义上是指服务过程中的人际交互。

高质量出版服务的生产需要运用服务蓝图理论，描绘顾客感知服务质量的前后台传递系统的整体规划，通过构建服务蓝图，找到读者、作者以及相关机构与出版机构接触的关键时刻，包括等待点、决策点、失败点等。

诺曼的"关键时刻"（Moments of Truth，MOT）理论对提高出版服务质量也很有帮助。要把握顾客与对服务质量留下印象的任何一个瞬间，抓住机会向顾客展示自己的产品和服务的质量。一旦时机过去，顾客也就离开了，企业很难用其他办法改变顾客对产品和服务质量的感知；如果在这一时刻内，产品和服务质量出现了问题，企业想补救也只能等下一个"关键时刻"了。"真诚的瞬间"或"关键时刻"影响着顾客所感知的服务质量。许多优秀的公司都对服务"关键时刻"给予了高度的重视，如北欧航空公司的总裁认为"每天都有五万个关键时刻"、惠普公司有"100个关键时刻"，由此可见关键时刻的重要性。当顾客接受服务提供者的服务时，将经历一系列的服务关键时刻，每一个关键时刻都可能形成对服务质量的印象，每一个关键时刻都决定能否赢得顾客的认同。良好的服务管理意味着必须做到恰到好处，让顾客在所有关键时刻都感觉良好。为此，服务提供者必须发掘与顾客接触的关键时刻，从顾客的角度看待这些关键时刻，对服务做出详细的计划并认真实施，以便管理顾客在所有关键时刻的服务体验。

由于服务生产与消费的同时性，在服务生产的过程中，员工授权的重要性更加凸显。仅仅授权员工按自己认为好的方式从事日常工作和处理意外事件的自由是不够的。成功的授权需要为员工提供必要的信息，使员工具备更好地为顾客服务的知识和能力。此外，服务性企业应建立有效的奖酬机制，将员工的工作业绩与奖酬紧密联系起来。因此，我们可以把授权视为：授权＝权利×信息×知识×奖酬。该等式表明，要取得授权的预期效果，权利、信息、知识、奖酬这四个方面缺一不可。

3.2.3 出版服务质量的控制

出版服务质量的控制包括：标准化与定制化的控制；服务供求关系调节；现场督导；服务补救；采用高新科技成果，更好地监控服务过程。

1. 标准化与定制化的控制

目前，国际上主要存在两种并行的标准化形式。ISO 9000 质量管理系列标准和 ISO 14000 环境管理国际标准。其中，ISO 9000 标准以顾客需求为导向。国际标准化组织针对服务业产品和体系市场标准要求，制定了医疗、零售、金融、保健和一般服务业专门的标准或规范，将 ISO 9000 所代表的全面质量管理体系扩展到服务行业，以期满足服务业标准化发展趋势的需求。服务标准化是通过对服务标准的制定和实施，以及对标准化原则和方法的运用，以达到服务质量目标化、服务方法规范化、服务过程程序化，从而获得优质服务的过程。服务的标准化并不是简单地追求"统一"和一致性，而是结合了顾客期望、企业服务能力以及一定的定量和定性调查因素。广义的标准化具有抽象性、技术性、经济性、连续性、约束性和政策性等基本特性。

标准化服务是指由产品的提供者根据自身的市场定位向消费者提供的那些类型、性质、流程、话术等经统一规范后的服务；定制化服务则是在标准化服务的基础上，应消费者的一些特殊要求而量身定制的符合消费者个别需求的服务。

出版服务质量的控制同样需要标准化和定制化的控制。

2. 服务供求关系调节

由于服务生产和消费的同时性和不可储存性，服务的供求关系的调节对于顾客感知的服务质量影响巨大。改善和调节供求关系可以从供给和需求这两个方面做起。在供给方面，企业应该深入了解市场需求，把握需求变化规律，合理配置生产能力（特别是人员配置，如通过采用临时工的办法弥补高峰期间的人手不足）。在需求方面，企业可以通过价格变动和其他促销手段来调整需求，也可以利用预约的方式储备需求。

3. 现场督导

由于顾客直接参与服务生产过程，现场督导与控制显得十分重要。任何没有监督的管理，都属于失败的管理。服务大多是人与人、面对面的服务，而这种服务具有一定的主观性，服务规范则有着一定的刚性。要保证服务人员能够很好地遵守服务规范，经营管理者一定要加强服务现场的监督和管理，以确保顾客体验到优质服务，并控制不可预料的事情的发生。

（1）与生产活动不同，服务过程暴露在顾客面前成为顾客感知的一部分，服务生产过程中的任何疏漏都可能给顾客留下不好的印象，这就要求员工必须一直和顾客保持沟通和交互，在沟通和交互中发现并满足顾客的需求。

（2）顾客作为服务的合作生产者，他们的投入对服务的顺利进行至关重要。对于某些比较复杂的服务或者新的服务项目，顾客对他们承担的角色和所需要的投入常常缺乏了解，因此，现场的帮助和引导是必要的。

（3）服务质量是一种过程质量，服务过程中人际交互所导致的服务质量的不稳定性，可以通过适度的员工授权来解决。适度的员工授权，一是可以提高员工的满意度；二是能够提高员工处理应急事情的能力，为顾客提供个性化的服务；三是可以发挥员工的积极性和主动性，充分利用蕴涵在员工中的资源和智慧。然而，当顾客遇到的问题超出一线员工的职权范围时，更高层次的管理人员在现场的出现有利于问题得到及时解决。

4. 服务补救

可靠性是顾客感知服务质量的核心属性，企业必须以100%的可靠性作为奋斗目标，不断地提高顾客感知的服务质量，尽力为顾客提供可靠的、无差错的服务。然而，即使是最优秀的服务人员，在服务过程中也难免发生差错。这就要求服务性企业采取一系列补救措施，纠正差错，使不满意的顾客转变为满意的顾客。因此，采取服务补救措施是控制顾客感知服务质量的重要组成部分。

服务补救包括处理眼前差错和避免下次出错两部分。

1）处理眼前差错

服务差错发生之后，顾客会更重视服务质量。根据社会心理学家的研究，在正常的服务过程中，顾客的经历完全符合他们的期望，顾客通常会处于无意识状态。服务差错使顾客从无意识状态中清醒过来，迫使顾客开始注意服务工作情况，仔细观察服务性企业如何纠正差错。

及时采取补救性服务措施，可以向顾客表明企业高度重视服务质量和顾客的满意程度，有效地控制顾客对服务信息的看法和感知服务质量。出现问题后，一定要及时补救！当发生服务失败时，企业越快做出反应，服务补救的效果会越好。阿尔布里奇和詹姆克在1985年的研究表明，如果顾客的抱怨能够及时得到处理，企业可以留住95%的不满意的顾客。相反，如果企业拖拖拉拉，虽然问题最终得以解决，但只能留住64%的不满意的顾客。由此可见，速度和时间是关键因素，服务企业对顾客做出快速响应，显示了企业真正关心顾客利益，想顾客所想，急顾客所急。

国内外大量调研的结果表明：优质补救性服务可以极大地提高顾客感知的整体服务质量，提高顾客的满意程度，促使顾客对本企业做有利的口头宣传，提升本企业优质服务的市场形象。因此，要想从整体上控制顾客感知的服务质量、增强竞争实力，服务性企业不仅应该为顾客提供可靠的服务，而且应当在服务差错发生之后，及时地为顾客提供优质的补救服务。

2）避免下次出错

如果管理人员能尽可能预见到服务工作中可能会出现的问题，并采取必要的预防性措施，减少服务差错，提前做好补救性服务准备工作，那么就可以及时、有效地解决服务工作中出现的各种问题。

要预见服务质量问题，以及更好地控制服务质量，管理人员必须做好服务过程内部的检查工作。绘制服务蓝图（服务流程图）或服务体系设计图可以明确顾客、服务第一线员工和后台辅助人员之间的关系，显示服务过程中各项服务工作的顺序，表明各个班组、各个部门之间服务工作的交接点，这样可以有效地帮助管理人员发现服务体系中最容易发生差错的环节。建立好服务蓝图（服务流程图）或服务体系设计图之后，如何顺畅地进行内部沟通是管理人员做好内部检查的关键。

5. 采用高新科技成果，更好地监控服务过程

随着大数据、机器学习、深度学习、人工智能等高新技术的发展，服务企业要积极采用这些信息技术和电信技术的新成果，建立顾客数据库，存储每位顾客的客史档案。企业所有服务连锁点的服务人员都可以从计算机数据库中获得大量信息，丰富自己的知识，更精确地判断顾客的需要和爱好，这样就能更好地做好服务工作，灵活地满足顾客的特殊需求，使服务工作决策权真正转移到服务第一线。

采用高新科技成果，做好服务监控、记录和检查工作，革新服务操作体系和改善服务流程，可以更好地控制出版服务质量。

3.2.4　出版服务质量的反馈

顾客感知服务质量的反馈信息对于服务性企业发现新的市场、改进产品和服务质量起着重要的作用，应当引起管理人员的高度重视。从另一种角度看，提出问题的顾客往往才有可能成为回头客，而顾客意见的反馈与解决，会使企业收获新的回头客。

出版服务质量反馈包括：显性反馈（顾客投诉）、隐性反馈（情绪不满）、员工上下级反馈和员工同级之间的反馈。

第 4 章 出版服务质量评价指标体系

4.1 出版产品质量评价指标体系

笔者将出版产品质量从内容质量、编校质量、设计质量、印制质量、服务质量五个层面进行展开,并对指标进行细化分级,构建出出版产品质量评价指标体系,如表4-1所示。

表4-1 出版产品质量评价指标体系

一级指标	二级指标	三级指标	一级指标	二级指标	三级指标
内容质量	载体价值	知识量	内容质量	文娱价值	创意
		内容精练性			视听感受
		形式多样性			趣味性
		实践性		学术水平	前沿性
		认可度			创新性
		数字化			引领性
		可操作性		影响水平	作者影响力
	文娱价值	共鸣			阅读量
		互动			引用量
		格调		资讯价值	资讯热度

续表

一级指标	二级指标	三级指标	一级指标	二级指标	三级指标
内容质量	资讯价值	时效性	印制质量	原材料质量	纸张质量
		真实客观性			油墨质量
		资讯效用			添加剂质量
	实用价值	易于阅读		墨色	线条质量
		可释疑			字符质量
	教育有效性	先进性			彩印质量
		科学性		装订质量	装帧质量
		适用性			页面质量
	政治文化方向	政治思想导向	服务质量	服务标准文档化	服务文档全面性
		社会价值导向			服务文档合理性
	作者专业水平	作者专业水平		员工服务质量	服务水平
编校质量	规范性	政策法规			服务效果
		合乎标准		服务流程规范性	流程完整性
	语言质量	正确			流程透明性
		优美			流程可执行性
	技术质量	技术正确			服务流程受控性
		图表正确			服务流程可追溯性
设计质量	设计规范	规定元素正确		服务反应速度	对顾客需求反应速度
		便于阅读			接收问题反应时间
	设计优化	视觉优化			问题处理时间
		成本优化		个性化服务水平	客户分级管理
	绿色设计	材料环保			个性化服务形式
		工艺环保			个性化服务效果
		设计适度			

4.2 图书内容质量评价指标

本研究以图书内容质量评价指标体系构建为例，对各级指标最终确认及对应权重计算方法进行具体阐述。

4.2.1 图书内容质量评价指标体系初建

经由文献总结，初步构建的图书内容质量评价指标体系包括 5 个一级指标、11 个二级指标和 33 个三级指标，各指标内容及其含义见表 4-2。

表 4-2 图书内容质量评价指标体系初建分级及指标含义

一级指标	二级指标	三级指标	指标含义
资讯属性	政治文化方向	政治思想导向	内容遵循正确的政治路线、方针、政策，宣传正确的思想内容
		社会价值导向	内容对读者的思想意识、价值取向、行为方式能进行正确的引导
	资讯价值	资讯热度	内容为受读者关注或在某个时期引人注目的资讯信息
		时效性	内容信息的时间效用
		真实客观性	内容如实反映客观现实，真实可靠
		资讯效用	读者获得内容并利用它满足自身的需求
	资讯优化	知识量	内容包含的信息量
		内容精练性	内容简洁凝练、切中要点
		形式多样性	内容图文并茂、图表兼备，形式丰富
教育属性	作者水平	作者专业水平	作者在出版物内容所涉及领域的学术、技艺等方面的专业程度
		作者影响力	作者在出版物内容所涉及领域的声望和代表性
	内容水平	先进性	内容具有先导作用，位于前列
		科学性	内容涉及的概念、原理等清楚、确切，涉及的历史事实、专业术语、数据公式、参考文献等准确可靠
		适用性	内容与教育目标的契合程度

续表

一级指标	二级指标	三级指标	指标含义
教育属性	内容水平	实践性	内容注重培养读者主动参与实践、启发创新
		认可度	读者对内容的认同程度
		数字化	内容可数字化
工具属性	易用性	便于查阅	在内容组织上符合读者的认知规律和逻辑顺序，便于读者查找所需信息
		易于阅读	内容符合多数读者的兴趣、能力、知识与技能基础
	有用性	可操作性	内容详尽描述操作程序及相关指标，从而引导读者体验知识和方法的实践应用
		可释疑	内容清晰易懂，能够解决读者的疑问
文娱属性	文艺价值	共鸣	内容能够与读者在思想上或在情感上相互感染，并使之产生相应情绪的能力
		互动	让读者参与到阅读过程中，使读者与书籍实现相互影响和作用
		格调	艺术特点、写作风格高雅，为读者提供美好的阅读体验
		创意	内容具有新颖性、创造力和突破性
	娱乐功能	视听感受	文字和图像清晰、准确；文字传递明快，插图画质精良，排列连贯有序
		趣味性	内容对读者的吸引力
学术属性	学术水平	前沿性	内容表达新观念、新理论，或体现研究者对新现象的关注和回应
		创新性	内容以新思维、新发明和新描述为特征，为改进或创造新的事物、方法、元素、路径、环境提供见解和导向

续表

一级指标	二级指标	三级指标	指标含义
学术属性	学术水平	引领性	引导所涉及领域的学者对相关主题进行具体、深入、有组织的探索
		转化性	学术成果、研究内容可以转化为满足社会需求、现实需要的实践成果
	影响水平	阅读量	被阅读频次的统计
		引用量	其他出版物在撰写过程中对该出版物的引用频次统计

4.2.2 出版从业人员对图书内容质量评价指标重要性的观点问卷调查分析

本研究意在调查出版从业人员对出版产品内容质量评价指标重要性认识的观点，通过发放调查问卷的形式获取数据，共计发放问卷200份，回收问卷171份（其中有效问卷150份，有效率为87.7%），采用SPSS 19.0统计分析软件进行数据处理。

1. 问卷信度分析

出版从业人员对图书内容质量评价指标重要性的观点调查问卷的信度，以SPSS 19.0针对150份有效问卷进行内部一致性检验（克朗巴哈系数，Cronbach's Alpha系数），用以了解问卷信度，即问卷的可靠性，主要表现为检验结果的一致性与稳定性。由表4-3可知，整体问卷的克朗巴哈系数为0.926。根据Gay在1992年的观点，任何量表的信度系数如果在0.90以上，则表示量表的信度甚佳。除去对问卷整体的克朗巴哈系数进行分析，本文对五项一级指标的Alpha系数分别进行了分析处理，结果如表4-3所示。数据显示，问卷在各项一级指标的克朗巴哈系数均大于0.75，表明本问卷内部一致性程度良好，从而证明本研究所构建的图书内容质量评价指标体系具有良好的信度。

表4-3 可靠性统计量

一级指标	克朗巴哈系数	题数
资讯属性	0.769	9
教育属性	0.778	8
工具属性	0.861	4
文娱属性	0.819	6
学术属性	0.800	6
整体	0.926	33

2. 问卷效度分析

本研究首先进行效度探索性因素分析，以SPSS 19.0采用主成分因素抽取法，对整体进行因素分析。在进行因素分析时，样本数最好是题目的3~5倍，否则因素分析的结果会不理想。本研究的有效样本为150份，约为调查问卷33题的4.55倍，符合因素分析的规则。

在进行KMO取样适当性检验时，KMO的值介于0~1，KMO的值越接近1，越适合做因素分析，KMO值在0.9以上是极佳的，0.80~0.90是有价值的，0.70~0.80是中度的，在0.50以下是无法接受的，不适合做因素分析。本研究采用的自编调查问卷的KMO检验值为0.863（表4-4），所以适合进行因素分析。

Bartlett球形度检验假定变量间的净相关系数矩阵是单元矩阵，本研究采用的调查问卷的显著度为0.000，小于显著水平0.05，达到显著水平，因此拒绝原假设，表示变量之间存在相关关系。因此，本研究问卷资料适合采用因素分析。

表4-4 KMO和Bartlett的检验

KMO 检验		0.863
Bartlett 球形度检验	近似卡方	2 631.375
	自由度	528
	显著度	0.000

3. 因子分析

主成分分析是目前常用的因子分析方法，主成分分析把具有相关性的原始变量通过数学方法重新组合成一组不相关的指标，借助了数学上的线性变换来进行处理。主成分分析能够将原始变量取线性组合，从而在最大程度上保留原始变量的信息。

1) 因子提取

对问卷数据的信度和效度分析结果显示，量表适合进行因子分析。本章依据问卷获取数据，经由 SPSS 19.0 进行主成分分析提取主因子，选取特征值大于 1 的特征根。主成分分析结果如表 4-5 所示，其中初始特征值的方差累计贡献率显示了主因子提取情况：共提取 9 项主因子，第一个主成分特征值为 10.425，方差贡献率为 31.589；第九个主成分特征值为 1.008，方差累计贡献率为 69.053%。第九个主成分以后的其他成分的特征值均小于 1，对解释原变量的贡献可以忽略。

表 4-5 主成分分析结果

成分	初始特征值			提取平方和载入			旋转平方和载入		
	合计	方差/%	累积/%	合计	方差/%	累积/%	合计	方差/%	累积/%
1	10.425	31.589	31.589	10.425	31.589	31.589	4.349	13.178	13.178
2	2.260	6.848	38.437	2.260	6.848	38.437	3.366	10.200	23.377
3	2.041	6.185	44.622	2.041	6.185	44.622	3.021	9.154	32.531
4	1.699	5.150	49.772	1.699	5.150	49.772	2.453	7.433	39.964
5	1.566	4.746	54.517	1.566	4.746	54.517	2.384	7.225	47.189
6	1.358	4.115	58.633	1.358	4.115	58.633	2.067	6.263	53.451
7	1.281	3.882	62.514	1.281	3.882	62.514	2.021	6.123	59.574
8	1.149	3.483	65.997	1.149	3.483	65.997	1.798	5.448	65.022
9	1.008	3.055	69.053	1.008	3.055	69.053	1.330	4.031	69.053
10	0.953	2.887	71.940						
11	0.811	2.457	74.397						
12	0.732	2.218	76.614						
13	0.687	2.081	78.695						
14	0.656	1.988	80.684						
15	0.617	1.869	82.552						
16	0.549	1.663	84.215						
17	0.518	1.569	85.784						
18	0.496	1.502	87.286						

续表

成分	初始特征值			提取平方和载入			旋转平方和载入		
	合计	方差/%	累积/%	合计	方差/%	累积/%	合计	方差/%	累积/%
19	0.460	1.394	88.680						
20	0.421	1.276	89.955						
21	0.403	1.221	91.176						
22	0.362	1.096	92.272						
23	0.345	1.045	93.316						
24	0.309	0.936	94.252						
25	0.290	0.878	95.130						
26	0.267	0.810	95.940						
27	0.246	0.747	96.687						
28	0.242	0.734	97.420						
29	0.204	0.617	98.038						
30	0.193	0.585	98.623						
31	0.175	0.530	99.153						
32	0.160	0.484	99.637						
33	0.120	0.363	100.000						

第一列至第四列描述了因子分析的初始解对原有变量总体的刻画情况。第一列是因子分析33个初始解的序号；第二列是因子变量的方差贡献（特征值），它是衡量因子重要程度的指标。例如，第一行中特征值10.425，表示第一个因子变量刻画了原有变量总方差33中的10.425，后面因子描述的方差依次减少；第三列是各因子变量的方差贡献率，表示该因子描述的方差占原有变量总方差的比例。它的值是第二列特征值除以总方差33的结果。第四列是因子变量的累计方差贡献率，表示前m个因子描述的总方差占原有变量的总方差的比例。第五列到第七列则是从初始解中按照因子特征值大于1提取了9个公共因子后对原变量总体的描述情况，各列数据的含义和前面第二列到第四列相同。可见，提取了9个公共因子后，它们反映了原变量69.053%的信息。第八列到第十列是旋转以后得到的因子对原变量总体的刻画情况，各列的

含义和第五列到第七列是一样的。依据表 4-5 中数据可以认为，9 个因子已经能够较充分地解释并提供原始数据所能表达的信息。

2）因子命名

主成分分析中的因子旋转可以简化载荷矩阵结构，旋转成分矩阵能够更为清晰地对公共因子进行解释。表 4-6 为经由 SPSS 19.0 获取的旋转因子载荷矩阵，根据获取数据结果与之前初步构建的图书内容质量评价指标体系进行对照，并对提取因子重新命名，构建出图书内容质量评价指标体系的 9 项一级指标及其子指标。

表 4-6　旋转成分矩阵

子指标	成分								
	1	2	3	4	5	6	7	8	9
政治思想导向	0.156	0.039	-0.010	0.140	0.022	-0.114	-0.082	0.910	-0.066
社会价值导向	-0.082	-0.036	0.106	0.228	0.149	0.121	0.218	0.800	0.101
资讯热度	0.357	0.106	0.226	0.171	0.543	0.113	-0.052	0.265	-0.159
时效性	0.156	0.112	0.158	0.223	0.722	-0.028	0.066	-0.061	-0.163
真实客观性	0.052	0.226	0.097	-0.070	0.768	0.056	0.157	0.149	0.135
资讯效用	0.366	0.070	0.037	-0.031	0.577	0.270	0.143	0.006	0.178
知识量	0.640	-0.010	0.242	0.001	0.313	0.036	0.098	-0.020	0.172
内容精练性	0.682	0.085	-0.033	0.055	0.244	0.180	-0.202	0.097	0.139
形式多样性	0.588	0.018	-0.010	0.250	0.262	0.225	0.084	-0.130	-0.269
作者专业水平	0.099	0.065	0.206	0.025	0.035	-0.027	0.098	0.000	0.806
作者影响力	0.081	0.167	0.018	0.560	-0.084	0.196	0.019	0.106	0.162
先进性	0.117	0.208	0.349	0.131	0.177	0.153	0.556	0.104	0.093
科学性	0.111	0.144	0.029	-0.082	0.126	-0.039	0.818	0.042	0.067
适用性	0.426	0.018	0.206	0.206	0.025	0.324	0.508	-0.012	-0.011
实践性	0.697	0.183	0.329	0.015	0.105	-0.099	0.230	0.080	-0.093
认可度	0.684	0.195	0.131	0.207	-0.054	0.258	0.172	0.006	0.040
数字化	0.721	0.350	0.005	0.215	0.086	0.040	0.153	0.077	0.021
便于查阅	0.374	0.314	0.366	0.142	0.014	0.437	0.388	-0.075	0.032
易于阅读	0.356	0.202	0.231	0.132	0.118	0.723	0.078	-0.066	-0.019
可操作性	0.504	0.456	0.235	0.003	0.002	0.226	0.305	0.135	-0.089
可释疑	0.460	0.272	0.094	0.171	0.204	0.540	0.206	0.081	0.186
共鸣	0.044	0.510	0.251	-0.079	0.159	0.505	-0.098	0.036	-0.160

续表

子指标	成分								
	1	2	3	4	5	6	7	8	9
互动	0.277	0.579	0.239	0.101	0.129	-0.273	-0.020	-0.038	-0.413
格调	0.079	0.662	0.217	0.035	0.065	0.304	0.069	0.174	-0.093
创意	0.096	0.692	0.239	0.121	0.087	0.111	0.243	-0.055	0.115
视听感受	0.279	0.703	0.058	0.154	0.134	-0.036	0.227	-0.100	0.173
趣味性	0.151	0.644	0.067	0.338	0.241	0.241	-0.036	0.017	0.109
前沿性	0.064	0.181	0.825	0.087	0.137	0.108	0.095	0.102	0.049
创新性	0.118	0.134	0.796	0.109	0.095	0.212	0.160	0.018	0.036
引领性	0.210	0.255	0.747	0.153	0.110	0.045	0.022	-0.044	0.198
转化性	0.260	0.101	0.360	0.357	0.241	-0.091	0.223	0.191	-0.188
阅读量	0.220	0.074	0.145	0.818	0.040	0.027	0.035	0.181	-0.099
引用量	0.072	0.108	0.152	0.827	0.187	-0.035	-0.002	0.074	-0.030

第一主成分在知识量、内容精练性、形式多样性、实践性、认可度、数字化、可操作性七个指标上具有较高的载荷。其中，知识量、内容精练性、形式多样性三个指标为初步构建的图书内容质量评价指标体系中资讯属性下的资讯优化指标，主要关注图书包含信息在数量、结构、形式方面的质量；实践性、认可度、数字化为初步构建的图书内容质量评价指标体系中教育属性下内容水平指标，主要关注图书内容引发读者认同、探究和参与实践的质量；可操作性指标旨在鉴别图书内容能够引发读者体验知识和方法的实践应用质量，与实践性、认可度、数字化三项指标对内容质量的诉求相近。七个指标均是图书作为知识和信息载体应具有的价值属性，故将第一主成分命名为"载体价值"。

第二主成分在共鸣、互动、格调、创意、视听感受、趣味性六个指标上具有较高载荷。这六个指标均为初步构建的图书内容质量评价指标体系中文娱属性层面指标，故将第二主成分命名为"文娱价值"。

第三主成分在前沿性、创新性、引领性三个指标上具有较高载荷。这三个指标均为初步构建的图书内容质量评价指标体系中学术属性下的学术水平指标，故将第三主成分命名为"学术水平"。

第四主成分在作者影响力、阅读量、引用量三个指标上具有较高载荷。其中，阅读量和引用量均为初步构建的图书内容质量评价指标体系中学术属性下的影响水平指标，而作者影响力同为影响水平的一个方面，故将第四主成分命名为"影响水平"。

第五主成分在资讯热度、时效性、真实客观性、资讯效用四个指标上具有较高载荷。这四个指标均为初步构建的图书内容质量评价指标体系中资讯属性下的资讯价值指标内容，故将第五主成分命名为"资讯价值"。

第六主成分在易于阅读、可释疑两个指标上具有较高载荷。这两个指标均属于初步构建的图书内容质量评价指标体系中的实用属性指标，故将第六主成分命名为"实用价值"。

第七主成分在先进性、科学性、适用性三个指标上具有较高载荷。这三个指标均属于初步构建的图书内容质量评价指标体系中教育属性下的内容水平指标，故将第七主成分命名为"教育有效性"。

第八主成分在政治思想导向、社会价值导向两个指标上具有较高载荷。这两个指标均属于初步构建的图书内容质量评价指标体系中资讯属性下的政治文化指标，故将第八主成分命名为"政治文化方向"。

第九主成分在作者专业水平这个指标上载荷较高，由于仅包括作者专业水平一个指标，故将第九主成分命名为"作者专业水平"。

此外，通过因子旋转载荷矩阵可以看出，"便于查阅""转化性"因子载荷系数普遍偏低，故将这两个指标删除。

根据以上因子分析结果，得出最终图书内容质量评价指标体系，如表4-7所示。

表4-7　图书内容质量评价指标体系

一级指标	二级指标	三级指标	指标含义
A1 内容质量	B1 载体价值	C1 知识量	内容包含的信息量
		C2 内容精练性	内容简洁凝练、切中要点
		C3 形式多样性	内容图文并茂、图表兼备，形式丰富
		C4 实践性	内容注重培养读者主动参与实践、启发创新

续表

一级指标	二级指标	三级指标	指标含义
A1 内容质量	B1 载体价值	C5 认可度	读者对内容的认同程度
		C6 数字化	内容可数字化
		C7 可操作性	内容详尽描述操作程序及相关指标，从而引导读者体验知识和方法的实践应用
	B2 文娱价值	C8 共鸣	内容能够与读者在思想上或在情感上相互感染，并使之产生相应情绪的能力
		C9 互动	让读者参与到阅读过程中，使读者与书籍实现相互影响和作用
		C10 格调	艺术特点、写作风格高雅，为读者提供美好的阅读体验
		C11 创意	内容具有新颖性、创造力和突破性
		C12 视听感受	文字和图像清晰、准确；文字传递明快，插图画质精良，排列连贯有序
		C13 趣味性	内容对读者的吸引力
	B3 学术水平	C14 前沿性	内容表达新观念、新理论，或体现研究者对新现象的关注和回应
		C15 创新性	内容以新思维、新发明和新描述为特征，为改进或创造新的事物、方法、元素、路径、环境提供见解和导向
		C16 引领性	引导所涉及领域的学者对相关主题作具体、深入、有组织的探索
	B4 影响水平	C17 作者影响力	作者在出版物内容所涉及领域的声望和代表性
		C18 阅读量	被阅读频次的统计
		C19 引用量	其他出版物在撰写过程中对该出版物的引用频次统计
	B5 资讯价值	C20 资讯热度	内容为受读者关注或在某个时期引人注目的资讯信息
		C21 时效性	内容信息的时间效用
		C22 真实客观性	内容如实反映客观现实，真实可靠

续表

一级指标	二级指标	三级指标	指标含义
A1 内容质量	B5 资讯价值	C23 资讯效用	读者获得内容并利用它满足自身的需求
	B6 实用价值	C24 易于阅读	内容符合多数读者的兴趣、能力、知识与技能基础
		C25 可释疑	内容清晰易懂，能够解决读者的疑问
	B7 教育有效性	C26 先进性	内容具有先导作用，位于前列
		C27 科学性	内容涉及的概念、原理等清楚、确切，涉及的历史事实、专业术语、数据公式、参考文献等准确可靠
		C28 适用性	内容与教育目标的契合程度
	B8 政治文化方向	C29 政治思想导向	内容遵循正确的政治路线、方针、政策，宣传正确的思想内容
		C30 社会价值导向	内容对读者的思想意识、价值取向、行为方式能进行正确的引导
	B9 作者专业水平	C31 作者专业水平	作者在出版物内容所涉及领域的学术、技艺等方面的专业程度

3）因子权重计算

（1）二级指标权重计算。

本文以各公因子的贡献率为权数 ω 来确定综合因子得分。

$$\omega_i = \lambda_i / \sum_{i=1}^{9} \lambda_i$$

其中，λ_i 为第 i 个公因子所对应的特征根，提取的9个公因子的贡献率 $\omega_i(i = 1, 2, \cdots, 9)$ 依次为 0.457 5、0.099 2、0.089 6、0.074 6、0.068 7、0.059 6、0.056 2、0.050 4、0.044 2。

（2）三级指标权重计算。

三级指标权重计算主要通过探讨相关内部依赖结构以后将有关信息集中在几个主成分上，再现指标与主成分的关系。通过 SPSS 19.0 对各二级指标下的三级指标主成分进行分析，由解释的总方差表获得前 m 个主成分对于总体方差的贡献矩阵，记为 A；由成分矩阵获得各个指标在前 m 个主成分上的贡献矩阵，记为 L；则各指标对于总体方差的贡献矩阵 $F = A \cdot L$，经过归一化数据处理即可获得各项三级指标权重。

以文娱价值为例，对 6 项三级指标进行主成分分析，得到的输出结果如表 4-8 和表 4-9 所示。

表 4-8 解释总方差

成分	初始特征值		
	合计	方差/%	累积/%
1	3.163	52.720	52.720
2	0.818	13.625	66.345
3	0.704	11.731	78.076
4	0.531	8.855	86.932
5	0.425	7.082	94.014
6	0.359	5.986	100.000

表 4-9 成分矩阵

指标	成分			
	1	2	3	4
共鸣	0.643	0.628	-0.231	0.275
互动	0.621	0.231	0.741	0.013
格调	0.754	0.215	-0.221	-0.461
创意	0.787	-0.215	-0.084	-0.268
视听感受	0.756	-0.469	0.092	0.078
趣味性	0.777	-0.240	-0.192	0.406

为了确保该分析包含了大部分原始信息量，根据累计贡献率大于 85% 提取主成分，决定选取 4 个主成分，累计贡献率为 86.932%。写成矩阵形式为：

矩阵 $A = [52.72 \quad 13.63 \quad 11.73 \quad 8.86]$

$$矩阵\ L = \begin{bmatrix} 0.643 & 0.621 & 0.754 & 0.787 & 0.756 & 0.777 \\ 0.628 & 0.231 & 0.215 & -0.215 & -0.469 & -0.240 \\ -0.231 & 0.741 & -0.221 & -0.084 & 0.092 & -0.192 \\ 0.275 & 0.013 & -0.461 & -0.268 & 0.078 & 0.406 \end{bmatrix}$$

求出 $F = [42.20 \quad 44.6 \quad 936.00 \quad 35.22 \quad 35.25 \quad 39.04]$，归一化后的各指标权重 $F^* = [0.18 \quad 0.19 \quad 0.15 \quad 0.15 \quad 0.15 \quad 0.17]$。

其他指标以此类推，三级指标权重参数汇总如表 4-10 所示。

表 4-10　三级指标权重参数汇总

二级指标	KMO 值	三级指标	权重
B1 载体价值	0.886	C1 知识量	0.17
		C2 内容精练性	0.15
		C3 形式多样性	0.13
		C4 实践性	0.13
		C5 认可度	0.14
		C6 数字化	0.15
		C7 可操作性	0.13
B2 文娱价值	0.826	C8 共鸣	0.18
		C9 互动	0.19
		C10 格调	0.15
		C11 创意	0.15
		C12 视听感受	0.15
		C13 趣味性	0.17
B3 学术水平	0.729	C14 前沿性	0.32
		C15 创新性	0.33
		C16 引领性	0.36
B4 影响水平	0.594	C17 作者影响力	0.37
		C18 阅读量	0.32
		C19 引用量	0.31
B5 资讯价值	0.700	C20 资讯热度	0.26
		C21 时效性	0.18
		C22 真实客观性	0.24
		C23 资讯效用	0.32
B6 实用价值	0.500	C24 易于阅读	0.45
		C25 可释疑	0.55
B7 教育有效性	0.652	C26 先进性	0.22
		C27 科学性	0.33
		C28 适用性	0.44
B8 政治文化方向	0.500	C29 政治思想导向	0.45
		C30 社会价值导向	0.55
B9 作者专业水平	—	C31 作者专业水平	1

4.3 结　　论

图书内容质量评价指标体系中的各级指标及其对应权重结果如表 4-11 所示。

表 4-11　各级指标权重参数汇总

一级指标	二级指标	权重	三级指标	权重
A1 内容质量	B1 载体价值	0.46	C1 知识量	0.08
			C2 内容精练性	0.07
			C3 形式多样性	0.06
			C4 实践性	0.06
			C5 认可度	0.06
			C6 数字化	0.07
			C7 可操作性	0.06
	B2 文娱价值	0.1	C8 共鸣	0.02
			C9 互动	0.02
			C10 格调	0.01
			C11 创意	0.01
			C12 视听感受	0.01
			C13 趣味性	0.02
	B3 学术水平	0.09	C14 前沿性	0.03
			C15 创新性	0.03
			C16 引领性	0.03
	B4 影响水平	0.07	C17 作者影响力	0.03
			C18 阅读量	0.02
			C19 引用量	0.02
	B5 资讯价值	0.07	C20 资讯热度	0.02
			C21 时效性	0.01
			C22 真实客观性	0.02
			C23 资讯效用	0.02

续表

一级指标	二级指标	权重	三级指标	权重
A1 内容质量	B6 实用价值	0.06	C24 易于阅读	0.03
			C25 可释疑	0.03
	B7 教育有效性	0.06	C26 先进性	0.01
			C27 科学性	0.02
			C28 适用性	0.03
	B8 政治文化方向	0.05	C29 政治思想导向	0.02
			C30 社会价值导向	0.03
	B9 作者专业水平	0.04	C31 作者专业水平	0.04

第 5 章　出版企业内部质量保证体系研究

5.1　概念界定

1. 出版企业

本体系所称的出版企业与在《出版管理条例》中定义的出版单位一致，是指按照国家有关规定举办，经国家新闻出版行政管理部门审核批准并履行登记注册手续的报社、期刊社（编辑部）、图书出版企业和音像出版企业。法人出版报纸、期刊，不设立报社、期刊社的，其设立的报纸编辑部、期刊编辑部视为出版企业。本体系框架的讨论对象包括未改企的出版单位。

2. 出版活动

本体系所称的出版活动包括出版产品的出版、印刷或者复制、进口、发行。

3. 出版产品

本体系所称的出版产品是指报纸、期刊、图书、音像制品、电子出版产品等。

5.2 人　　员

1. 人员组成

本体系所涉及的人员包括在出版企业内部从事编辑、校对、设计、印制、发行工作的业务人员以及从事财务、行政、人力资源工作的管理人员。

2. 人员要求

出版企业应确定从事影响出版产品要求符合性工作的人员所需的能力，设定上岗资质门槛。国家对在报纸、期刊、图书、音像、电子、网络出版企业从事出版专业技术工作的人员实行职业资格制度，对职业资格实行登记注册管理。出版专业技术人员应符合《出版管理条例》《出版专业技术人员职业资格管理规定》《图书质量保障体系》《出版专业人员职务试行条例》等制度对职业资格的相关规定。

3. 企业要求

出版企业应具有依据本企业经营情况设定的、不低于国家要求的企业内部对各岗位从业人员设定的资质要求。

4. 上岗制度

出版企业应按照《关于在出版行业开展岗位培训实施持证上岗制度的规定》的要求，结合本企业实际情况，对员工进行岗位培训工作的组织管理及岗位培训合格证书的颁发。

5. 人员培训

出版企业应根据"出版产品质量评价指标体系"分析出版产品质量对各岗位的能力要求，并针对所需的能力要求制订相应的培训计划，以推动出版产品质量的提升。

岗位培训应包括邀请社外专家培训，培训周期不应少于每年一次，并对教育、培训、技能和经验进行文件记录。有条件的出版企业可以采取员工入社导师制的方法。培训应确保组织的人员认识到所从事的活动的相关性和重要性，以及如何为实现质量目标做出贡献。

6. 考核制度

出版企业应建立对企业各岗位人员的定期考核制度及相应管理办法。

7. 组织机构

1）质量管理小组

每个部门或关键岗位设置 QC（Quality Control）人员并组成质量管理小组，负责 ISO 9000 标准所要求的有关品质控制的职能。

2）质量领导小组

出版企业成立由总编辑主持的质量领导小组，负责检查、评审全社的出版物质量。小组成员可以包括社长、总编辑以及总编室、出版部门、质检部门、终审室等关键部门的负责人。

3）质量评审专家库

这是指由出版企业人员参与的第三方评价专家库。专家库在新闻出版行政部门和第三方评价机构领导下，具体负责评审的技术性工作，提出评审结论建议。评审专家应当按照规定参加新闻出版行政部门和第三方评价机构举办的培训、考核。

4）编辑结构

各出版企业可以结合自身需求将编辑人员的工作内容进行细分，主要包括以下类型：

（1）策划编辑。

策划编辑在书的研发和生产过程中扮演着"产品经理"的角色，统领出版和其他各项业务。策划编辑的首要任务就是向各方面提出目标，并做出决策。同时，策划编辑还要分析图书市场，预测应该出版哪些新书，然后向全国各大学的教授组稿、签合同，要求撰写出书大纲，而后策划编辑将以此大纲向各方面的教授咨询意见。选题一旦确定，就由责任编辑负责实施。

（2）责任编辑。

在选题确定后，责任编辑先召开正式的作者会，根据情况适当修改计划，重写书的大纲和目录，然后请专家审阅这些内容。作者再根据此大纲和目录开始写作。责任编辑应按照一定周期组织专家审核当前完成的稿件内容。

（3）生产编辑

生产编辑负责书的制作和印刷，包括校对、封面设计和成书，以及与承印厂家联络，主持承印厂商竞争招标，与厂家签订合同。在生产编辑中有负责图片的编辑，他们还要考虑所选用图片的版权问题，并与原作者讨论版权费。封面设计大多要考虑商业效果。

5.3 基　　础

1. 基础设施内容

本体系所涉及的基础设施包括办公场所、办公设备、办公系统、库房等。其中，办公设备指从事出版工作所必需的硬件和软件。硬件包括电脑、打印机、复印机、扫描仪等；软件为出版企业的生产业务流程系统，包括编校系统、发行系统、出版内容资源数字化加工软件、内容资源管理系统、编辑加工系统、产品发布系统等。办公系统指服务出版企业运营的网络信息系统、OA 管理系统等。

2. 企业要求

出版企业应确定、具备并维护为达到符合出版产品要求所需的基础设施，符合《出版管理条例》的规定。

3. 基础设施规定

出版企业应编制和保持相关基础设施管理规定，并配套制定相关文件，包括《设施/设备一览表》《设备维修/维护台账》《设备检修保养计划》《设备报废/添加记录》等文件。

4. 设备采购验收

出版企业应根据出版物的形式、外观设计、生产工艺等要求，认真制订各种设备总计划和采购清单。在采购前，出版企业应对设备的供货方进行调查评价，要严格选择有实力的供货方。对有特殊要求的设备，出版企业应严格组织实地考察。对选择的所有合格供货方，出版企业应签订定购合同，建立评价记录，实行定期考核、动态管理、择优淘劣，保证选择合格和放心的供货方。

出版企业应对各种设备按照采购合同文件的要求严格进行验证，确保其技术状态良好、运转正常，能够达到应有的运转能力和要求。

5. 使用前抽样检验

对投入生产使用的设备，出版企业应当根据需要进行抽样检验，以保证生产出的出版物的质量。

5.4 原　　稿

在本体系中，原稿指已经定稿、尚未进入编校流程的稿件。

本体系旨在提高获得高质量原稿的保障性，应从出版产品对其使用者（读者）所具备的功能来评价原稿质量。

1. 载体价值

（1）知识量：主要指内容包含的信息量。

（2）内容精练性：主要指内容简洁凝练、切中要点。

（3）形式多样性：主要指内容图文并茂、图表兼备，形式丰富。

（4）实践性：主要指内容注重培养读者主动参与实践、启发创新。

（5）认可度：主要指读者对内容的认同程度。

（6）数字化：主要指内容可数字化。

（7）可操作性：主要指内容详尽描述操作程序及相关指标，从而引导读者体验知识和方法的实践应用。

2. 文娱价值

（1）共鸣：主要指内容能够与读者在思想上或在情感上相互感染，并使之产生相应情绪的能力。

（2）互动：主要指让读者参与到阅读过程中，使读者与书籍实现相互影响和作用。

（3）格调：主要指艺术特点、写作风格高雅，为读者提供美好的阅读体验。

（4）创意：主要指内容具有新颖性、创造力和突破性。

（5）视听感受：主要指内容和图像清晰、准确，文字传递明快，插图画质精良，排列连贯有序。

（6）趣味性：主要指内容对读者的吸引力。

3. 学术水平

（1）前沿性：主要指内容表达新观念、新理论，或体现研究者对新现象的关注和回应。

（2）创新性：主要指内容以新思维、新发明和新描述为特征，为改进或创造新的事物、方法、元素、路径、环境提供见解和导向。

（3）引领性：主要指引导所涉及领域的学者对相关主题进行具体、深入、有组织的探索。

4. 影响水平

（1）作者影响力：主要指作者在出版物内容所涉及领域的声望和代表性。

（2）阅读量：主要指被阅读频次的统计。

（3）引用量：其他出版物在撰写过程中对该出版物的引用频次统计。

5. 资讯价值

（1）资讯热度：主要指内容为受读者关注或在某个时期引人注目的资讯信息。

（2）时效性：主要指内容信息的时间效用。

（3）真实客观性：主要指内容如实反映客观现实，真实可靠。

（4）资讯效用：主要指读者获得内容并利用它满足自身的需求。

6. 实用价值

（1）易于阅读：主要指内容符合多数读者的兴趣、能力、知识与技能基础。

（2）可释疑：主要指内容清晰易懂，能够解决读者的疑问。

7. 教育有效性

（1）先进性：主要指内容具有先导作用，位于前列。

（2）科学性：主要指内容涉及的概念、原理等清楚、确切，涉及的历史事实、专业术语、数据公式、参考文献等准确可靠。

（3）适用性：主要指内容与教育目标的契合程度。

8. 政治文化方向

（1）政治思想导向：主要指内容遵循正确的政治路线、方针、政策，宣传正确的思想内容。

（2）社会价值导向：主要指内容对读者的思想意识、价值取向、行为方式能进行正确的引导。

9. 作者专业水平

作者专业水平主要指作者在出版物内容所涉及领域的学术、技艺等方面的专业程度。

5.5 流　　程

出版企业应确保内部各项出版流程的质量。

1. 选题策划质量控制

选题质量，就是出版产品的研发质量，其优劣从根本上决定了出版产品的质量水平。出版企业既要论证单一选题、单一项目的可行性，又要从战略上考虑产品线的合理结构。

1）选题调研

按《出版产品研发可行性研究》工作管理规定明确研究方法及流程（包括如何进行抽样及统计分析等），使该项工作从目前的主观判断及简单的抽样调查走向科学化、系统化。

2）选题申报

出版企业应制定选题申报流程规定，以及申报文件范式的规定。

3）选题论证

出版企业应制定选题论证及审批管理规定，明确参与论证的人员、论证程序及批准规则。

4）选题批准

出版企业应制定选题批准后的相关管理规定，包括合同管理规定、交稿前质量控制管理规定及定稿规定，等等。

2. 生产过程质量控制

出版企业主要从编校流程、设计流程、制作流程、质检流程四个方面进行质量控制。

1）编校流程控制

出版企业应坚持对出版产品的三审三校制度，并制定相应的各项管理规定，包括编校流程规定、编校错误认定标准与办法，等等。

2）设计流程控制

出版企业应建立责任设计编辑制度和设计方案三级审核制度，主要关注出版产品的设计效果、设计图文、设计风格、设计适度。

3）制作流程控制

出版企业应制定印刷及刻录质量标准及相应的管理办法，主要关注出版产品印刷（刻录）原材料、合格率、设备、方法、效果等方面。

4）质检流程控制

出版企业应建立出版产品质量检查制度及管理办法，包括印前质检、毛书质检、成书质检的规定及奖惩办法，等等。出版企业应建立年度质量报告制度（包括年度出版产品质量分析、解决措施、相应的编校人员培训内容等）。

3. 产品防护控制

在出版物生产和交付到预定地点期间，出版企业应对出版物提供防护，以保证出版物质量符合要求。这种防护应包括标识、搬运、包装、储存和保护。

4. 流程图控制文件

出版企业应针对不同的工作流程和岗位要求建立必要的规章制度，包括工艺指导书、标准工序指引、生产图纸、生产计划表、产品作业标准、检验标准、各种操作规程等。它们在这里的作用是能及时准确地反映产品的生产和产品质量的要求。严格按照规程作业是保证产品质量和生产进度的一个条件。

具体的完整流程（以图书质量保证流程为例）包括图书生命周期的主流程及相关的辅助流程。

1) 重点出版项目立项申请、审批与执行检查流程（图5-1）

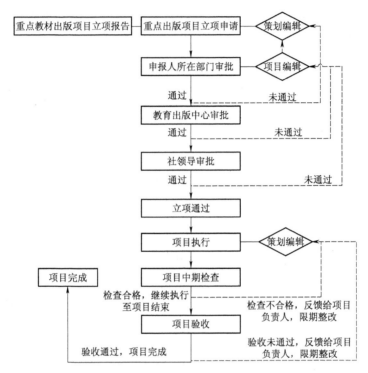

图5-1 重点出版项目立项申请、审批与执行检查流程

2) 选题申报与审批流程（图5-2）

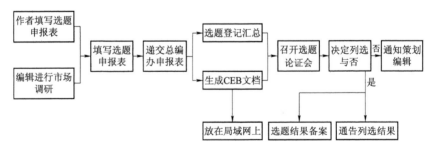

图5-2 选题申报与审批流程

3) 图书出版合同签订流程（图 5-3）

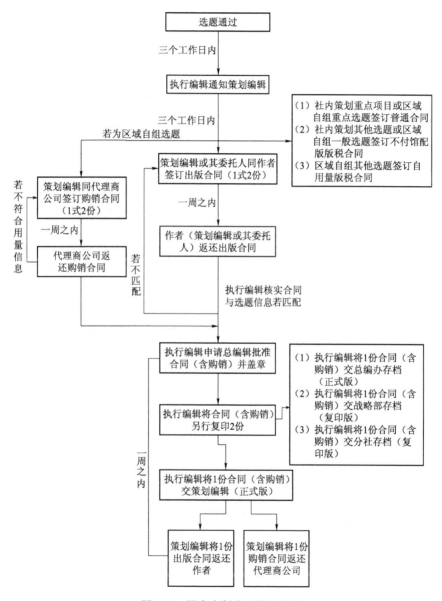

图 5-3　图书出版合同签订流程

4）稿件中耕与进度管理流程（图5-4）

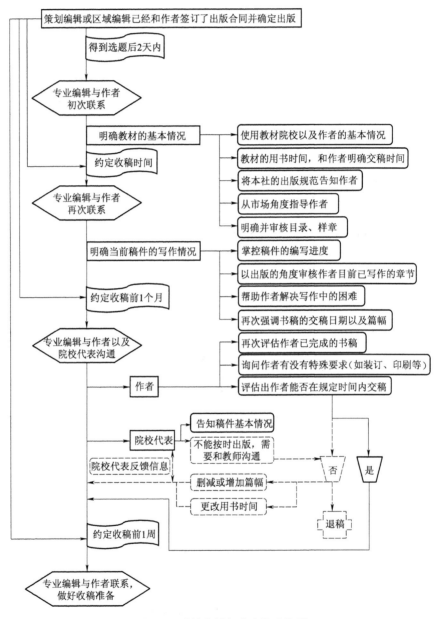

图5-4 稿件中耕与进度管理流程

5) 稿件签收与确认流程（图5-5）

该流程的周期为四个工作日，即：如果稿件合格，从执行编辑收到电子书稿到生产主管开始计算生产周期的时间不超过四个工作日。

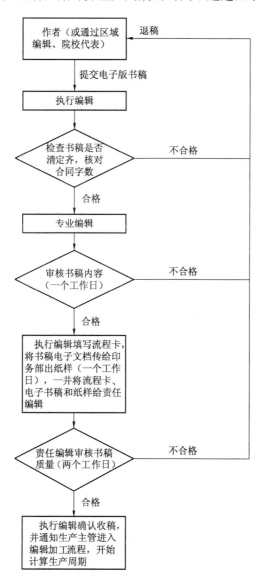

图5-5　稿件签收与确认流程

6) 书稿审校排版编退与质检流程（图 5-6）

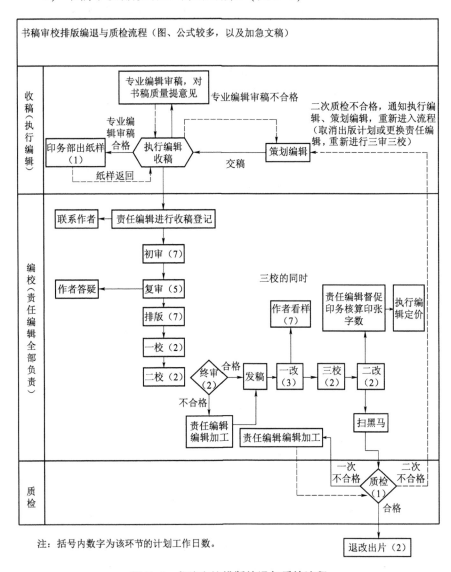

图 5-6 书稿审校排版编退与质检流程

7) 装帧设计与印制方案审定流程（图 5-7）

图 5-7 所示为书稿出版流程明细。其中，装帧及印制方案审定流程见灰底部分标示。

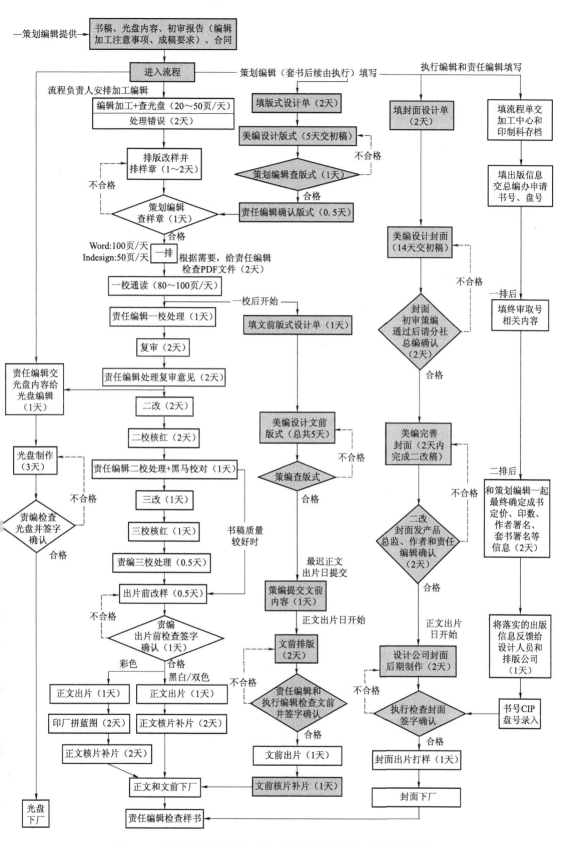

图 5-7 装帧设计与印制方案审定在出版流程明细中的相关流程

注：括号内数字为该环节计划工作天数

8) 图书发稿与书号申领流程（图5-8）

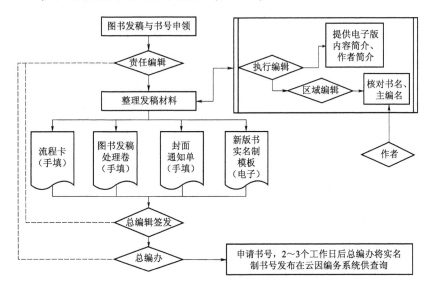

图 5-8　图书发稿与书号申领流程

9) CIP 数据信息申请与审核流程（图5-9）

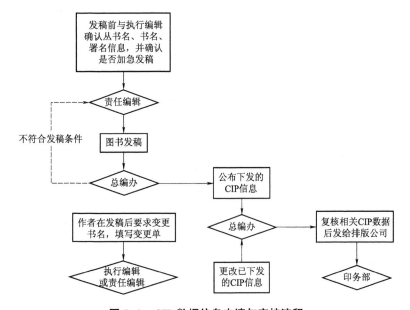

图 5-9　CIP 数据信息申请与审核流程

10) 图书报印审批流程（图 5-10）

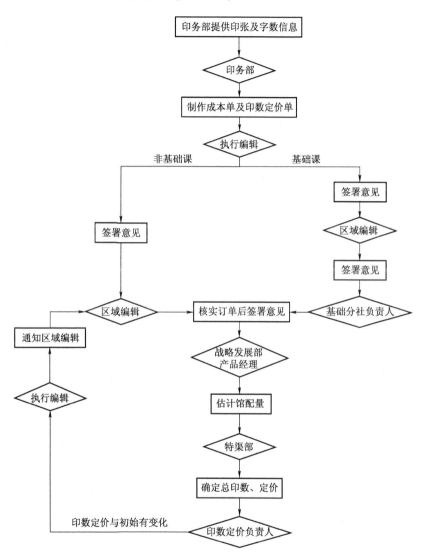

图 5-10 图书报印审批流程

11) 印前样书审核与确认流程（图 5-11）
12) 图书入库与信息发布流程（图 5-12）
13) 图书重印审批流程（图 5-13）

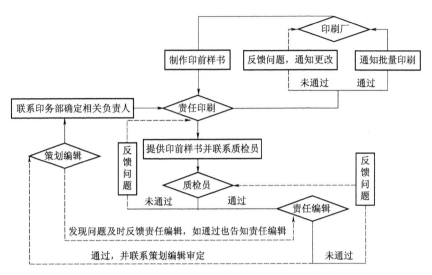

说明：对于印前样书的质量认定，质检员和责任编辑对封面、内容做具体检查，策划编辑参与审定 如出现问题，需要具体问题具体分析，由责任印制与印刷厂相关负责人联系解决。

图 5-11 印前样书审核与确认流程

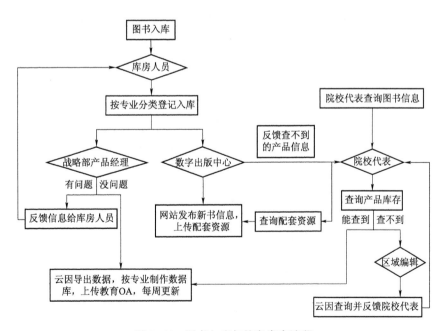

图 5-12 图书入库与信息发布流程

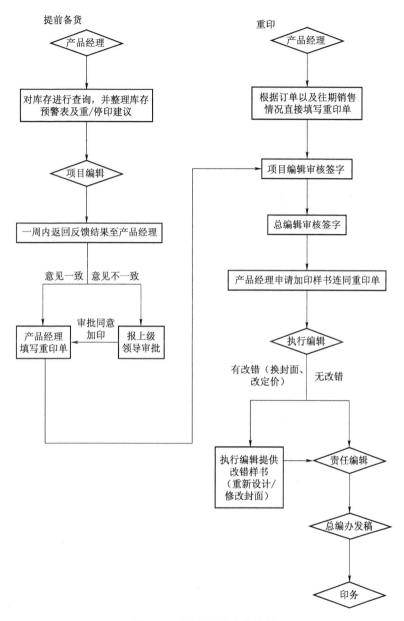

图 5-13 图书重印审批流程

14）图书修订与登记流程（图 5-14）
15）稿酬支付申请与审批管理流程（图 5-15）

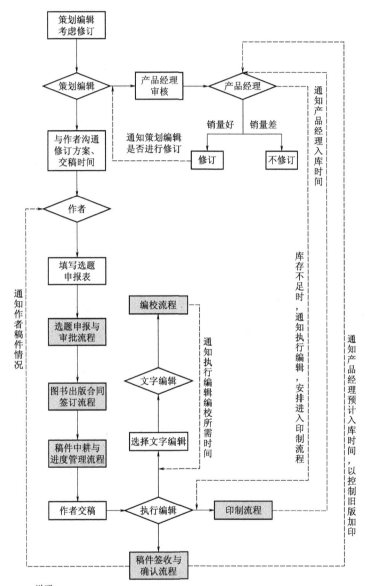

说明：
对于图书修订的意向、设计文稿时间、交稿进入出版流程情况等，策划编辑、执行编辑、产品经理三个岗位应及时进行沟通。

图 5-14　图书修订与登记流程

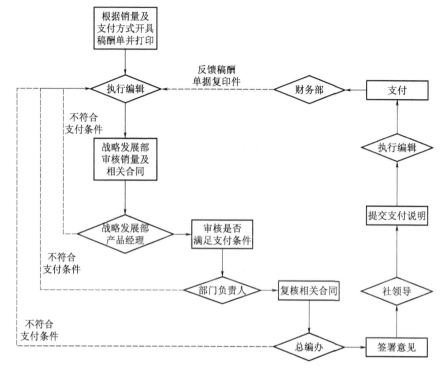

图 5-15　稿酬支付申请与审批管理流程

5. 信息反馈

1）市场信息

出版企业应建立出版市场的动态监测制度，巩固和完善出版市场动态监测网络，建立联系出版企业和读者之间的信息渠道。出版物应以适当的形式附带读者信息反馈表，以便读者可以通过邮件、电话、网络等方式将意见反馈给出版企业。

2）机构信息

出版企业应制定收集社会团体意见的办法，从各种社会团体、学术组织中获取提高出版产品质量的意见和建议。

3）社会信息

出版企业应制定收集社会舆论的办法，分析广大读者的意见，提高产品质量。

5.6　组织机构与企业文化

1. 组织机构

1）部门构成

满足出版工作必需的机构包括经营业务（编辑、印刷、发行、质检）部门、辅助管理（财务、人力、行政）部门。

2）组织规模

出版企业应针对自身经营的需求确定各部门的机构及规模。

3）组织管理

出版企业应设立质量管理部门，对经营主线部门工作进行管理，管理内容包括：

（1）负责制订质量管理工作计划和总结，开展内审工作。

（2）负责实施体系文件的学习、培训工作。

（3）负责对质量管理体系文件进行修订。

（4）负责对本体系运行的有效性进行实时监控。

（5）负责对质量管理体系运行有关数据的统计、分析与反馈。

（6）负责对不合格项的跟踪验证工作。

2. 企业文化

出版企业文化应与企业战略保持一致。

1）全面质量管理文化

出版企业应以出版产品质量为核心，以出版企业全员参与为基础，建立一套科学严密高效的质量体系，使质量管理贯穿出版全部流程。

2）工作现场5S文化

出版企业应在现场管理中推行 5S 文化，即整理（Seiri）、整顿（Seiton）、清扫（Seiso）、清洁（Seiketsu）、素养（Shitsuke），从而达到塑造出版企业的形象、降低成本、准时交货、安全生产、高度的标准化、创造令人心旷神怡的工作场所、现场改善等目标。

5.7 服　　务

出版企业应从以下几方面进行相关服务建设。

1. 服务标准文档化

出版企业要保证服务文档的全面性，主要关注文档覆盖程度、文档内容完整性。出版企业还要保证服务文档的合理性，主要关注服务标准的可操作性和可考核性。

2. 员工服务质量

出版企业要注重企业员工的服务水平和服务效果。在服务过程中，服务人员应该对涉及的产品信息、问询、合同或订单的处理，以及顾客反馈和抱怨情况进行明确。其中，服务水平主要关注出版企业人员业务素质、服务态度、服务方式和处理问题的能力；服务效果主要关注出版企业人员处理问题的准确性和满足顾客要求的程度。

3. 服务流程透明规范性

出版企业应保证出版流程的完整性和透明性，保证出版流程的公开公正，且无缺失和遗漏。服务流程应具有可执行性，在实际操作中具有可行性。服务流程应具有受控性，服务活动应在受控条件下进行，受控条件可以包括：获得表述出版物特性的信息、获得作业指导书、获得和使用监视和测量设备、实施监视和测量、实施出版物放行和交付后活动等。服务流程需具有可追溯性，针对出版物的服务活动可以建立可追溯机制。在有可追溯要求的服务环节，出版企业应控制产品的唯一标识，并保持记录。

4. 反应速度

服务流程应保证其反应速度，在提供服务过程中应控制对顾客需求的反应速度、接收问题的反应时间，并合理规定问题的处理时间，以保证服务质量。

5. 个性化服务水平

出版企业在提供服务的过程中应建立客户数据库，对不同的客户进行分级管理。

服务流程应具有个性化的服务形式，主要关注服务形式的新颖性、多样性和可接受性。服务流程应达到个性化的服务效果，主要关注顾客的参与度和认可度。在对顾客提供个性服务时，出版企业服务人员应通过以下标准确定个性服务应符合的要求：

（1）顾客在个性化服务项目中明确提出的要求。

（2）顾客虽然没有明示，但规定用途或已知的预期用途所必需的要求。

（3）适用于出版物的法律法规要求。

（4）出版企业认为必要的任何附加要求。

第6章 出版服务质量第三方评价办法

6.1 总　　则

第一条　为了规范出版产品质量第三方评价机制，促进出版行业的繁荣和发展，构建科学、严格、有效的质量评价机制，推进出版产品内容质量评价的专业化、规范化和社会化，依据《中华人民共和国产品质量法》《中华人民共和国出版管理条例》《图书出版管理规定》《图书质量管理规定》，制定本办法。

第二条　本办法适用于依法建立的出版企业出版的出版产品的内容质量第三方评价。本办法中的出版产品是指由出版企业出版的不包括封面和封底在内49页以上的印刷品，具有特定的书名和著者名，编有国际标准书号，有定价并取得版权保护的出版物。出版时间超过10年且无再版或者重印的出版产品，不适用本办法。

第三条　本办法中的出版产品内容质量评价是指按作者、出版企业或其他个人、机构作为委托方的要求，由评价机构聘请相关领域作者、编辑及专家学者，坚持实事求是、科学民主、客观公正、注重质量、讲求实效的原则，依照规定的程序和标准，对被评价出版产品的内容质量进行审查和辨别，对其载体价值、文娱价值、学术水平、影响水平、资讯价值、实用价值、教育有效性、政治文化方向、作者专业水平等层面进行评价，并做出相应结论。对出版产品的知识产权不做评价，对出版产品的编校质量、设计质量和印制质量不做评价。

第四条　出版产品内容质量评价机构（简称评价机构）是指参加出版产品内容质量评价的具有出版产品内容质量评价业务能力，独立接受出版产品内容质量评价委托，有偿提供出版产品内容质量评价服务的社会中介服务机构和事业单位。

第五条　各类出版产品内容质量评价原则性标准由国家新闻出版管理部门统一制定。

省、自治区、直辖市新闻出版行政部门可根据本行政区内出版工作特点指定本地区、本部门的评价标准，并报主管机关备案。

第六条　第三方评价机构由国家新闻出版管理部门认定。

6.2　评价机构

第七条　评价机构应当同时具备下列条件：

（一）社团法人、事业法人、企业法人或民政部门登记的民办科技咨询机构。

（二）从事出版产品内容质量评价等相关工作 3 年以上。

（三）具有出版产品出版、编校相关职业资格的专职人员不少于 5 人。

（四）具备相应专业领域的专家库。

（五）有健全的内部管理制度。

（六）有固定的办公场所和必要的办公条件。

（七）试点管理部门（单位）规定的其他条件。

第八条　评价机构应当同时具有以下权利：

（一）存在下列情况之一时，评价机构可以拒绝接受评价委托。

（1）出版产品内容反对宪法确定的基本原则，或有法律、行政法规和国家规定禁止的其他内容的。

（2）出版产品未根据国家法律、法规经过法定程序出版的。

（3）出版产品内容危害国家统一、主权和领土完整，泄露国家秘密、危害国家安全或者损害国家荣誉和利益的。

（4）出版产品内容煽动民族仇恨、民族歧视，破坏民族团结，或者侵害民族风俗、习惯的。

（5）出版产品内容宣扬邪教、迷信或宣扬淫秽、赌博、暴力或者教唆犯罪等扰乱社会秩序，破坏社会稳定的。

（6）侮辱或者诽谤他人，侵害他人合法权益的。

（7）危害社会公德或者民族优秀文化传统的。

（8）出版产品内容涉及侵权的。

（二）评价机构有权要求评价委托方补充评价材料。

（三）评价机构有权依法合理收取评价费用。

第九条　评价机构应当同时具有以下义务：

（一）评价机构只能在管理部门确定的专业范围内从事评价活动。评价机构不得受托和承担范围以外的出版产品内容质量评价。

（二）评价机构应当根据需要评价的内容和要求与评价委托方协商，依法订立合同，并按照评价合同规定的时间和方式向评价委托方交付出版产品内容质量评价报告。

（三）评价机构应当自主完成评价工作，对本机构不能承担的评价工作，可向委托方推荐其他专业评价机构。

（四）评价机构开展评价工作的程序应当符合本办法的要求。

（五）评价机构应当保证所聘请的评价咨询专家的独立性，不得向评价咨询专家施加倾向性影响。

（六）评价机构在形成评价结论的过程中不得使用、依赖没有充分依据支持的结论和判断。

（七）评价机构对其根据委托方提供的资料做出的评价结论负责。

（八）评价机构应当按合同收取评价费用，评价费用的多少不应按照最终评价结论随意变动。

（九）评价机构及其人员，应当严格遵守科学道德和职业道德规范，保证出版产品内容质量评价的严肃性和科学性。未经委托方、出版企业及作者同意，擅自披露、使用或向他人提供未经公开的出版产品内容或转让被评价出版产品关键内容的，依法追究其法律责任。

6.3 评价咨询专家

第十条 新闻出版行政部门应当组建由新闻出版行政部门、行业学（协）会、社会评估机构等方面的专家和消费者团体、群众代表组成的评审专家库。专家库的管理办法由国家新闻出版管理部门负责制定，省、自治区、直辖市新闻出版行政部门根据各地实际制定实施细则。

第十一条 评价咨询专家由新闻出版行政部门选聘。评价咨询专家应当按照规定参加新闻出版行政部门和评审机构举办的培训、考核，提高思想、政策、职业道德、专业水平。考核合格的方可参加评审工作。

第十二条 新闻出版行政部门应当建立健全工作制度，包括评审工作流程、专家工作制度和回避制度等，加强对评审工作的管理，确保评审质量。

第十三条 评价咨询专家应具备的条件：

（一）具有较丰富的出版产品评价经验，较高的写作能力、相关专业水平，熟悉相关领域国内外水平和发展状况。

（二）遵守国家法律法规和社会公德，具有严谨的科学态度和良好的职业道德，认真严谨，秉公办事，客观公正。

（三）熟悉《中华人民共和国产品质量法》《中华人民共和国出版管理条例》《图书出版管理规定》《图书质量管理规定》和本办法。

（四）对评价出版产品内容所属领域有较丰富的理论知识和经验，熟悉相关领域出版产品出版状况，在该领域具有一定的权威。

第十四条 评价咨询专家应当坚持实事求是、科学严谨的态度，遵守如下行为规范：

（一）维护出版产品作者的著作权，保守尚未公开的出版产品内容。评价工作完成后，有关评价成果的所有材料应当退还给评价机构，不得向其他组织或个人扩散，不得非法占有、使用、提供。

（二）自觉坚持回避原则，不接受邀请参加与评价成果有利益关系或可能影响公正性的评价。

（三）提供的书面评价意见应当清晰、准确地反映评价成果的实际情况，并对所出具的评价意见负责。

（四）不得收受除约定的咨询费之外的任何组织、个人提供的与评价有关的酬金、有价物品或其他好处。

第十五条　遴选评价咨询专家应当遵守下列原则：

（一）随机原则。参与具体评价活动的评价咨询专家一般应从评价咨询专家库中依据要求和条件随机遴选，必要时，根据被评价出版产品的特性和具体情况，可在专家库以外选聘适当比例的专家。委托方、出版产品完成单位等关联单位的人员不得作为评价咨询专家参加对其出版产品的评价。

（二）回避原则。与被评价方有利益关系或可能影响公正性的其他关系的评价咨询专家不能参与评价。已遴选出的，应主动申明并回避。被评价方可以按规定提出一定数量建议回避的评价咨询专家，并说明理由。

委托方或受托方根据需要可以在评价前或评价后以适当的方式向社会公布评价咨询专家名单，以增强评价咨询专家的责任感和荣誉感，接受社会监督。

（三）更换原则。委托方或受托方组建的常设评价咨询专家委员会或专家组应定期换届，其成员连选连任一般不得超过两届，并应当保持一定的更换比例。

第十六条　评价咨询专家在出版产品评价中享有下列权利：

（一）对出版产品内容质量独立做出评价，不受任何单位和个人的干涉。

（二）通过评价机构要求出版产品出版企业或作者提供充分、翔实的资料（包括必要的原始资料），向出版产品出版企业或作者提出质疑并要求做出解释，要求复核试验或者测试结果。

（三）充分发表个人意见，有权要求在评价结论中记载不同意见。

（四）有权要求排除影响出版产品评价工作的干扰，必要时可向评价机构提出退出评价请求。

6.4 出版产品内容质量评价内容及方法

第十七条 凡由依照国家有关法规设立，经国家新闻出版管理部门批准并履行等级注册手续的出版法人实体出版的出版产品均可按照本办法评价。

第十八条 本办法所致的出版产品内容质量评价的主要内容是：

（一）出版产品内容的载体价值，包括信息量、内容精练性、形式多样性、实践性、认可度、数字化和可操作性 7 项指标。

（二）出版产品内容的文娱价值，包括共鸣、互动、格调、创意、视听感受和趣味性 6 项指标。

（三）出版产品内容的学术水平，包括前沿性、创新性和引领性 3 项指标。

（四）出版产品内容的影响水平，包括作者影响力、阅读量和引用量 3 项指标。

（五）出版产品内容的资讯价值，包括资讯热度、时效性、真实客观性和资讯效用 4 项指标。

（六）出版产品内容的实用价值，包括易于阅读和可释疑 2 项指标。

（七）出版产品内容的教育有效性，包括先进性、科学性和适用性 3 项指标。

（八）出版产品内容的政治文化方向，包括政治思想导向和社会价值导向 2 项指标。

（九）出版产品内容的作者专业水平。

第十九条　出版产品内容质量评价采用分类加权量化评价方式，在具体实施过程中，可以由评价机构根据出版产品的不同类型决定采用不同的评价指标和加权系数。评价机构参考评价咨询专家组评价指标量化评分结果，确定被评价出版产品内容质量的总体水平，做出评价结论。

6.5　出版产品内容质量评价原则

第二十条　出版产品内容质量评价应坚持为人民服务、为社会主义服务的方向，坚持百花齐放、百家争鸣的方针，坚持精神文明重在建设、繁荣出版重在质量的思想。

（一）出版产品内容质量评价主要涉及出版产品内容质量评价委托方、评价机构和评价咨询专家三方面。有关各方应当遵循《中华人民共和国产品质量法》《中华人民共和国出版管理条例》《图书出版管理规定》《图书质量管理规定》和本办法，遵守评价合同约定，履行义务，承担责任，发生争议时，根据《中华人民共和国合同法》等法律、法规予以解决。

（二）以未成年人为对象的出版物不得含有诱发未成年人模仿违反社会公德的行为和违法犯罪的行为的内容，不得含有恐怖、残酷等妨害未成年人身心健康的内容。

（三）出版物的内容不真实或者不公正，致使公民、法人或者其他组织的合法权益受到侵害的，其出版企业应当公开更正，消除影响，并依法承担其他民事责任。

第二十一条　独立、客观、公正原则。

（一）独立原则。出版产品评价活动依法独立进行，不受其他组织和个人的干预；评价机构独立地从事评价工作，评价咨询专家独立地向评价机构提供咨询意见，评价咨询专家提供咨询意见时不受评价机构和评价委托方的干预。

（二）客观原则。评价咨询专家在提供评价意见的过程中，按照评价成果的客观事实情况进行评审和评议。评价报告和评价意见中的任何分析、描述和结论都应当以客观事实为依据。

（三）公正原则。评价机构必须站在公正的立场上完成评价工作。评价机构不得因收取评价费用而偏袒或者迁就评价委托方；评价咨询专家也不得因收取咨询费而迁就评价机构。

第二十二条　分类评价、定性定量相结合原则。

为保证评价结论的科学性、准确性，针对不同类型的出版产品各自的特点，出版产品内容质量评价应结合评价机构实践，对不同评价指标加权量化进行定量评分，然后在定量评分结果基础上进行综合评价。

6.6　评价应当提交的材料

第二十三条　除去送评出版产品，评价委托方应向评价机构提交如下评价资料。

（一）作者的资质材料、出版者、出版产品编辑等人员职业资格材料。

（二）书号、刊号或者版号，在版编目数据，出版日期、刊期以及其他有关事项材料。

（三）选题论证报告。

（四）引用他人出版产品或者资料的参考文献。

（五）辞书、地图、中小学教科书等类别的出版产品，需提供国家新闻出版管理部门的资格证明。

（六）涉及国家安全、社会安定等方面的重大选题，涉及重大革命题材和重大历史题材的选题，需提供备案证明。

（七）国家法律法规要求的其他相关审批文件。

（八）评价机构认为评价所必需的其他资料。

第二十四条　出版产品内容质量评价委托方应当提供真实的材料，

因提供虚假信息和资料而产生的相关法律责任由信息和资料提供者承担。

6.7 评价形式

第二十五条 出版产品内容质量评价可以采取下列形式：

（一）会议评价。需要经过考察、答辩和讨论才能做出评价的，可以采用会议评价的形式，由评价机构组织评价咨询专家采用会议形式对出版产品内容做出评价。

（二）通信评价。不需要经过考察、答辩和讨论即可做出评价的，可以采用通信评价的形式。由评价机构聘请专家，通过书面审查出版产品稿件及有关资料，对出版产品内容做出评价。通信评价必须出具评价专家签字的书面评价意见。

6.8 评价程序

第二十六条 出版产品内容质量评价可以由出版产品作者、出版企业或其他个人、机构作为委托方提出。对符合评价范围的，评价机构与委托方签订委托评价合同，按照评价程序开展评价工作；对不符合评价范围的，不得接受委托。

第二十七条 出版产品内容质量评价按下列程序进行：

（一）委托方向评价机构提出内容质量评价需求。

（二）评价机构收到被评价内容质量材料后，初步审查评价委托方提交的资料，判断评价委托方提出的评价要求能否实现。

（三）接受评价委托，与委托方签订评价合同，约定有关评价的要求、完成时间和费用等事项。

（四）确定内容质量评价负责人。由其选聘熟悉被评价出版产品内容所涉及领域的专家担任评价咨询专家,同一单位的专家不得超过两人。

（五）专家评价。由每位咨询专家独立评价,提出评价意见。评价机构工作人员负责汇总每位咨询专家的评分结果,并计算出综合评分。

（六）评价负责人在综合所有咨询专家评价意见的基础上,完成综合评价结论。

（七）按约定的时间、方式和份数向评价委托方交付评价报告。

第二十八条　出版产品内容质量评价的完整资料（包括专家评级意见）由评价机构和委托方按档案管理部门的规定归档。

6.9　评价报告

第二十九条　评价报告是评价机构以书面形式就评价工作及其结论向评价委托方做出的正式陈述。

第三十条　评价报告应当由评价负责人和评价咨询专家签字,加盖评价机构公章,同时评价报告的每一页跨页应盖骑缝章。

第三十一条　评价结论。

（一）评价结论应根据出版产品内容和提交的相关资料,在综合评价专家意见的基础上做出。

（二）对于评价的指标,应写明被评价出版产品实际达到的内容质量水平。

（三）对于评价指标对比分析,既要写明评价出版产品实际达到的水平,也要写明比较对象（同类型出版产品）达到的水平。

（四）评价结论可以分为分项结论和综合结论。对于评价委托方要求给出评价综合结论的,应当在评价报告中明确给出。评价结论中慎用"国内先进""国内领先""填补空白"等抽象用语。

（五）评价结论属咨询意见,供使用者参考。依据评价结论做出的决策行为,其后果由行为决策者承担。

（六）在征得评价委托方、出版企业和作者同意后，评价结论、评价机构名称和评价咨询专家名单一般应以适当方式公开。

6.10 评价费用

第三十二条　出版产品内容质量的评价费用应本着非营利的原则，根据评价工作的复杂程度和具体活动内容，由委托方与评价机构以合同的形式约定具体费用。评价机构应按合同收取评价费用，费用不随最终评价结论而变动。

第三十三条　评价费用应当按照国家、当地物价部门规定的收费原则确定。国家、当地物价部门没有做出相关规定的，由评价委托方与评价机构协商，以合同的形式约定，并报评价机构管理部门备案。

第三十四条　对所聘请的评价咨询专家，由评价机构按照实际工作量发放咨询费。

6.11 附　　则

第三十五条　试点地方、部门及行业协会可以根据本办法，结合各自的实际情况制定具体实施办法。

第三十六条　本办法自试点工作正式启动之日起施行。

第 7 章 出版企业内部质量保证能力评审办法

7.1 总　　则

第一条　为加强对出版物的监督管理，促进出版物质量提升，逐步建立由各级新闻出版行政部门、行业学（协）会、社会评估机构、读者团体和专家参与的出版物质量监督管理制度，促进出版企业加强内部质量保证体系建设，保证出版物质量，提高出版企业图书质量管理水平，根据《出版管理条例》《图书出版管理规定》，制定本办法。

第二条　本办法中的出版企业评审是指出版企业按照本办法要求，根据《出版管理条例》和出版企业监督管理要求，开展自我评价，持续改进出版企业对出版物质量评价管理等相关工作，根据新闻出版行政部门对其出版物的质量情况进行的评价，以确定出版企业等级并实施退出管理的过程。

评审机构是指在新闻出版行政部门的领导下，具体负责出版企业评审的技术性工作的专门机构。评审机构可以由新闻出版行政部门组建或是受新闻出版行政部门委托的适宜第三方机构。

第三条　从事出版业务的各类出版企业均应当遵照本办法参加评审。

第四条　出版企业评审应坚持政府主导、分级管理、社会参与、公平公正的原则和以评促建、以评促改、评建并举、重在内涵的方针，围绕质量、服务、管理、绩效，体现以读者为中心。

第五条 各类出版企业评审标准由国家新闻出版管理部门统一制定。

省、自治区、直辖市新闻出版行政部门可以根据本行政区内的出版工作特点、出版企业管理实际，遵循"内容只增不减，标准只升不降"的原则，适当调整标准并报国家新闻出版管理部门备案。

第六条 出版企业评审包括周期性评审和不定期重点检查。

周期性评审是指新闻出版行政部门在评审期满时根据出版企业的出版物质量对其进行的综合评审。不定期重点检查是指新闻出版行政部门在评审周期内适时对出版企业进行的检查和抽查。

第七条 通过出版企业评审，促进出版物质量的监督审查管理机制，根据其出版图书质量实行科学化、规范化、标准化分级管理。

7.2 评审权限与组织机构

第八条 国家新闻出版管理部门和出版企业评审委员会负责全国出版企业评审的领导、组织、抽验、质量控制及监督管理。委员会下设办公室。

第九条 各省、自治区、直辖市新闻出版行政部门成立出版企业评审领导小组，负责本辖区的出版企业评审工作。领导小组组长由相应的新闻出版行政部门的主要负责同志兼任。

第十条 上级新闻出版行政部门应当对下级新闻出版行政部门的评审工作进行监督和指导。

第十一条 评审机构负责以下事项：

（一）在新闻出版行政部门和出版企业评审委员会领导下，具体负责评审的技术性工作，提出评审结论建议。

（二）在新闻出版行政部门领导下，参与组建和管理评审专家库，参与组织评审专家的培训工作。

（三）完成新闻出版行政部门交办的其他任务。

第十二条 省级以上新闻出版行政部门应当组建由新闻出版行政部门、行业学（协）会、社会评估机构等方面的专家和读者团体组成的评审专家库。专家库的管理办法由国家新闻出版管理部门负责制定，省、自治区、直辖市新闻出版行政部门根据各地实际制定实施细则。

第十三条 评审专家由新闻出版行政部门选聘。评审专家应当按照规定参加新闻出版行政部门和评审机构举办的培训、考核，考核合格后才可以参加评审工作。

第十四条 新闻出版行政部门应当建立健全工作制度，包括评审工作流程、专家工作制度和回避制度等，加强对评审工作的管理，确保评审质量。

7.3 评审申请与受理

第十五条 出版企业评审周期为3年。

第十六条 新闻出版行政部门应当按年度制订评审计划，并报上级新闻出版行政部门备案。

评审计划包括：

（一）本年度参加评审的出版企业名册。

（二）本年度评审工作的时间安排。

（三）年度评审重点和组织实施方案。

（四）省、自治区、直辖市新闻出版行政部门规定的其他内容。

第十七条 出版企业在等级证书有效期满前3个月可以向省、自治区、直辖市新闻出版行政部门提出评审申请。出版企业在提交评审申请材料前，应当开展不少于6个月的自评工作，根据自评工作结果填写并提交评审申请材料：

（一）出版企业评审申请书。

（二）国家新闻出版管理部门统一印制的图书出版年度检验表，并由出版企业的主办单位、主管单位审核盖章。

（三）质量保障管理制度落实情况材料。

（四）出版企业从业人员职业资格材料、出版企业的社长及总编辑的任职资格材料。

（五）评审周期内接受新闻出版行政部门及其他有关部门检查、指导结果及整改情况。

（六）评审周期内各年度反映出版企业质量水平、出版企业出版图书质量等内容的数据信息。

（七）省、自治区、直辖市新闻出版行政部门规定提交的其他材料。

第十八条　出版企业有下列情形之一的，暂缓评审申请：

（一）正在限期停业整顿的。

（二）经审核发现有违法情况应予处罚的。

（三）主管单位、主办单位未认真履行管理责任，致图书出版管理混乱的。

（四）所报年度核验自查报告内容严重失实的。

（五）存在其他违法嫌疑需要进一步核查的。

暂缓评审申请的期限为6个月。在暂缓评审申请期间，出版企业除了教科书、在印图书可以继续出版，其他图书一律停止出版。缓评期满，按照本规定重新办理评审申请手续。

第十九条　省、自治区、直辖市新闻出版行政部门对出版企业提交的评审申请材料进行审核后，应当根据下列情况作出是否受理评审申请的处理意见。

（一）申请材料不齐全或者不符合规定内容及形式的，应当在5个工作日内书面告知出版企业需要补正的材料及提交期限；出版企业逾期不补正或者补正不完全的，不予受理。

（二）申请材料齐全且符合要求的，或者出版企业按照新闻出版行政部门的书面告知进行补正符合要求的，应当在10个工作日内予以受理。

省、自治区、直辖市新闻出版行政部门在受理评审申请后，应当在20个工作日内向出版企业发出受理评审通知，明确评审时间和日程安排。

第二十条　出版企业在规定期限内没有申请评审的，省、自治区、直辖市新闻出版行政部门应当要求其在 15 个工作日内补办申请手续；在限期内仍不申请补办手续的，视为放弃评审申请。

第二十一条　新建出版企业在取得图书出版许可证后，执业满 2 年后方可申请首次评审。

出版企业设置级别发生变更的，应当在变更后执业满 2 年方可按照变更后级别申请首次评审。

7.4　评审的实施

第二十二条　省、自治区、直辖市新闻出版行政部门对出版企业发出评审受理通知后，应当于 5 个工作日内通知评审机构；评审机构接到通知后，应当从出版企业评审专家库中抽取专家组建评审小组，在收到出版企业提交的评审申请材料 30 日内予以评审、出具评审意见，报送国家新闻出版管理部门。

第二十三条　评审专家与被评审出版企业有利害关系，可能影响评审公正性的，应当主动提出回避申请。出版企业也可向新闻出版行政部门提出对评审专家的回避申请。评审专家的回避由新闻出版行政部门决定。

第二十四条　出版企业周期性评审包括对出版企业的书面评价、出版信息统计评价、现场评价和社会评价等方面的综合评审。

第二十五条　书面评价的内容和项目包括：

（一）评审申请材料、保证体系相关文件及执行情况相关文件。

（二）不定期重点评价结果及整改情况报告。

（三）接受省、自治区、直辖市新闻出版行政部门组织的专科评价、技术评估等的评价结果。

（四）接受地市级以上新闻出版行政部门设立的质量评价控制组织检查评价结果及整改情况。

（五）省、自治区、直辖市新闻出版行政部门规定的其他内容和项目。

第二十六条 出版信息统计评价的内容和项目包括：

（一）图书质量监测指标。

（二）出版图书质量的网络评价数据。

（三）省、自治区、直辖市新闻出版行政部门规定的其他内容和项目。

第二十七条 现场评价的主要内容包括：

（一）图书出版所需基础设施符合情况。

（二）出版企业评审标准符合情况。

（三）省、自治区、直辖市新闻出版行政部门规定的其他内容。

第二十八条 社会评价的主要内容和项目包括：

（一）新闻出版行政部门开展或者委托第三方社会调查机构开展的读者满意度调查结果。

（二）省、自治区、直辖市新闻出版行政部门规定的其他内容和项目。

第二十九条 出版企业有下列情形之一的，评审小组应判出版企业评审不合格：

（一）出版导向严重违反管理规定并未及时纠正的。

（二）图书出版质量长期达不到规定标准的。

（三）经营恶化已经资不抵债的。

（四）已经不具备本设立出版企业应当具备的规定条件的。

（五）暂缓登记期满，仍未符合评审基本条件的。

（六）不按规定参加评审，经催告仍未参加的。

（七）存在其他严重违法行为的。

第三十条 评审小组应当在评审结束后 5 个工作日内，完成评审报告，并经评审小组组长签字后提交给评审机构。

评审工作报告应当包括：

（一）评审工作概况。

（二）书面评价、出版信息统计评价、现场评价及社会评价结果。

（三）被评审出版企业的总分及评审结论建议。

（四）被评审出版企业存在的主要问题、整改意见及期限。

（五）应当说明的其他问题。

（六）省、自治区、直辖市新闻出版行政部门规定的其他内容。

评审工作有关的各种原始材料由评审机构存档保存至少4年。

第三十一条　评审工作报告经评审机构审核同意后，报国家新闻出版管理部门。

评审机构在必要时可以要求评审小组对某些内容进行重新审议或者评审。具体程序由省、自治区、直辖市新闻出版行政部门规定。

第三十二条　国家新闻出版管理部门在收到评审工作报告后，应当在60个工作日内做出对出版企业评审结论的批复。

评审结论，国家新闻出版管理部门和省、自治区、直辖市新闻出版行政部门可以向社会公布。公示期一般为7~15天。公示结果不影响评审结论的，书面通知被评审出版企业、评审机构和有关部门，同时报送国家新闻出版管理部门备案。

第三十三条　在评审周期内，新闻出版行政部门应当组织对影响出版图书质量的相关流程的管理、专科技术水平等进行不定期重点评价，分值应当不低于下次周期性评审总分的30%。

不定期重点评价的具体内容与办法由省、自治区、直辖市新闻出版行政部门规定。

7.5　评审结论

第三十四条　各级出版企业评审结论分为优秀、良好、合格、不合格。国家新闻出版管理部门给予相应的分级激励政策。

第三十五条　优秀、良好、合格的出版企业，由省、自治区、直辖市新闻出版行政部门颁发由国家新闻出版管理部门统一格式的等级证书及标识。

等级证书的有效期与评审周期相同。等级证书有效期满后，出版企业不得继续使用该等级证书。出版企业的等级标识必须与等级证书相符。

出版企业持国家新闻出版管理部门出具的评审结论批复文件、图书出版许可证副本、出版企业等级证书等相关材料，到所在地省、自治区、直辖市新闻出版行政部门办理登记手续。

第三十六条　新闻出版行政部门应当对评审结论为"不合格"的出版企业下达整改通知书，并与出版企业签订改进与达成目标责任书，给予3~6个月的整改期。

第三十七条　出版企业应当于整改期满后5个工作日内向新闻出版行政部门申请再次评审，再次评审结论分为乙等或者不合格。

第三十八条　出版企业整改期满后未在规定时间内提出再次评审申请的，新闻出版行政部门应当直接判定再次评审结论为不合格。

再次评审不合格的出版企业，由新闻出版行政部门根据评审具体情况，适当调低或撤销出版企业级别；有违法违规行为的，依法进行相应处理。

第三十九条　新闻出版行政部门作出不合格评审结论前，应当告知出版企业有要求听证的权利；出版企业在被告知之日起5个工作日内提出听证申请的，新闻出版行政部门应当在15个工作日内组织听证。

新闻出版行政部门应当结合听证情况，做出有关评审结论的决定。

第四十条　新闻出版行政部门在做出不合格评审结论时，应当说明依据，并告知出版企业享有依法申请行政复议或者提起行政诉讼的权利。

第四十一条　对做出不合格评审结论的出版企业，由国家新闻出版管理部门撤销图书出版许可证、出版企业等级证书，所在地省、自治区、直辖市新闻出版行政部门注销登记。

第四十二条　新闻出版行政部门应当将出版企业评审结论以适当方式在辖区内公布。

第四十三条　出版企业在等级证书有效期内有下列情形之一的，应当及时向新闻出版行政部门申请提前评审：

（一）因出版企业地址、名称、章程、注册资本、确定的图书出业务范围改变而变更登记的。

（二）因主办单位、主管单位、法定代表人或者主要负责人改变而变更登记的。

（三）省、自治区、直辖市新闻出版行政部门规定的其他情形。

7.6 监督管理

第四十四条　新闻出版行政部门应当加强对出版企业评审工作的监督、检查和指导，做到公正、公平评审，确保评审结论的公信力。

第四十五条　新闻出版行政部门应当加强对评审机构、评审计划、评审人员组成、回避制度、评审程序、纪律执行等方面情况的审查和监督。

第四十六条　新闻出版行政部门及其工作人员违反规定，干预正常评审工作的，应当及时纠正；后果严重的，应当给予有关负责人和直接责任人行政处分；涉嫌违法犯罪的，移交司法机关依法处理。

第四十七条　评审机构及其工作人员、评审专家违反规定，干预正常评审工作的，新闻出版行政部门、评审机构应当及时纠正；后果严重的，应当取消其参与评审工作资格；涉嫌违法犯罪的，移交司法机关依法处理。

第四十八条　出版企业在评审过程中有下列情形之一的，应中止评审：

（一）有群众来信、来访反映出版企业重大违法、违规、违纪行为，并提供明确线索，评审期间无法调查核实的。

（二）违反评审纪律，采取不规范行为，影响评审专家的公正公平性，干扰评审专家工作的。

（三）省、自治区、直辖市新闻出版行政部门规定的其他情形。

第四十九条　出版企业在评审过程中有下列情形之一的，应终止评审，并直接判定评审结论为不合格：

（一）提供虚假评审资料，有伪造、涂改有关档案资料等弄虚作假行为的。

（二）有群众来信、来访反映出版企业重大违法、违规、违纪行为，并提供明确线索，已经查实的。

（三）存在出版企业评审标准中规定的"不予通过审批"情况的。

（四）违法行为被查处后拒不改正或者在整改期满后没有明显效果的。

（五）省、自治区、直辖市新闻出版行政部门规定的其他情形。

第五十条　出版企业在等级证书有效期内有下列情形之一的，新闻出版行政部门应当撤销原评审结论，取消评审等级，并收回证书和标识：

（一）出版企业在出版质量、政治导向等方面存在重大缺陷的。

（二）经查实在接受评审过程中弄虚作假的。

（三）拒不配合评审工作的。

（四）未按照本办法规定的申请提前评审规定进行提前申请评审的。

（五）省、自治区、直辖市新闻出版行政部门规定的其他情形。

第五十一条　对评审结论为不合格的出版企业，新闻出版行政部门应当依法给予或者建议其上级主管部门给予出版企业法定代表人或者主要负责人行政处分或者纪律处分。

第五十二条　新闻出版行政部门应当在每年2月底前将上一年度评审的出版企业名单、评审结论、评审工作总结及本年度评审工作计划报送上级新闻出版行政部门。

7.7　附　　则

第五十三条　各省、自治区、直辖市新闻出版行政部门根据本办法制定评审实施细则。

第五十四条　本办法由国家新闻出版管理部门负责解释。

第五十五条　本办法自发布之日起施行。

附：出版企业评审流程（图7-1）。

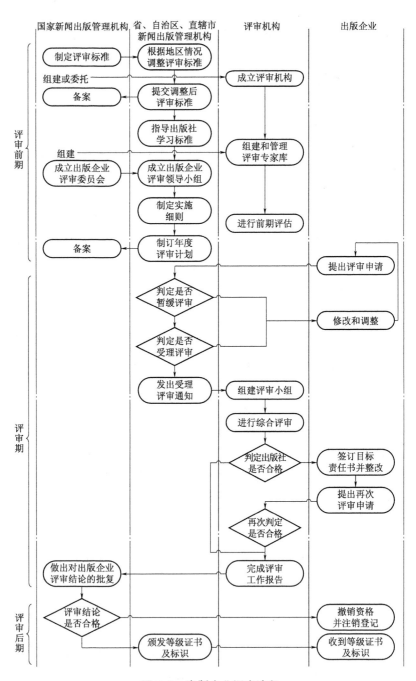

图 7-1　出版企业评审流程

第8章 大数据应用于提升出版产品质量的探索研究

随着移动互联网、物联网、社交网络、电子商务等新一代信息技术的应用渐渐成为常态，各种硬件技术不断发展，数据采集技术、存储技术、处理技术得到了长足发展，数据分析的需求不断增加，大数据成为这些技术和需求融合应用的焦点，并在各个行业得到了充分的重视。

本章立足大数据发展的前沿，介绍大数据的相关概念和特点及出版行业大数据的研究现状，提出出版行业大数据应用的基本流程，分析大数据在出版行业应用的基本方向，并结合实际提出大数据在出版产品质量提升方面的具体应用。

8.1 大数据简介

1. 大数据概念

大数据的概念最早由全球著名管理咨询公司麦肯锡在2011年提出，该公司同时对大数据的影响、关键技术和应用领域进行了详细的分析。麦肯锡认为，数据已经渗透到当今每一个行业和职能领域，成为至关重要的生产要素。研究机构Gartner将大数据定义为：需要新处理模式才能具有更强的决策力、洞察发现力和流程优化能力的海量、高增长率和多样化的信息资产。维基百科对大数据的定义为：大数据指的是所涉及的数据规模巨大到无法通过人工在合理的时间内截取、管理、处理并整理成人类能解读的信息。IDC（互联网数据中心）对大数据给出了量化标准的定义：大数据一般会涉及两种或两种以上的数据形式，它要收集超过 100 TB 的数据，并且是高速、实时数据流；或者是从小数据开始，但数据每年会增长 60% 以上。

2. 大数据特点

1）大量性

大数据的大量性指的是巨大的数据容量及其规模的完整性。大量性是大数据的基本属性。首先，网络的使用范围越来越广，数据获取、分享变得相对容易；其次，各种传感器数据获取能力大幅度提高，人们获取的数据越来越接近原始事物本身，数据描述能力不断增强，数据量呈几何级数增长。此外，人们处理数据的方法和理念发生了根本性变化，数据的处理由采样数据向所有数据发展，从而具有更高的精准性。

2）高速性

随着获取、传播各种信息的技术发展与普及，数据的产生、发布越来越容易，大数据以数据流的形式产生并快速流动。数据流量通常是不稳定的，用户对数据的响应时间非常敏感。因此，大数据要求快速、持续的实时处理。

3）多样性

数据量的高速增长伴随着新的数据类型的出现，一种或几种规定的模式很难表征日趋复杂、多样的数据形式。与传统数据相比，大数据重点包含大量细节信息的非结构化数据。

4）价值性

大数据直接采集原始的全体数据，减少了采样和抽象，呈现了所有数据和细节信息。因此，一方面，大数据可以分析更多的信息，因而具有更大的价值总量；另一方面，大数据引入了大量没有意义甚至错误的信息，价值密度较低。

8.2 出版行业大数据应用的国内外现状

8.2.1 出版行业大数据应用的国内现状

随着互联网行业的发展和日益多样化的全媒体环境，大数据及其发展和应用走向了更深的发展阶段，管理和应用大数据已经成为各个领域的优势。以下为国内出版行业大数据研究的各种措施和观点。

张秋瑰从营销方面入手，认为图书出版营销规则在大数据背景下将面临巨大改变，并分析了传统营销体系可能受到的冲击。她还提出，出版社应构建信息平台，实现数据信息与出版物营销匹配；运用大数据修正传统出版营销的数据偏差，极大地提升营销的精准性；同时，可以尝试运用大数据技术，将数据信息整合成数据产品，提供给相关需求方，实现数据信息价值最大化，拓展营利空间。

王琪将自媒体的发展和图书选题相结合，提出运用大数据的技术手段，可以实现多维、有效的选题信息收集、分析和预测，从而帮助编辑进行选题策划。这些研究主要关注如何通过用户信息来挖掘了解其偏好，从而进行准确的推荐。

姚宝权认为，在互联网、移动阅读终端、自媒体等快速发展的情况下，出版领域可以依靠大数据对品牌进行塑造、维护和提升。其中，他将预测读者对图书的需求并给予推送服务作为服务质量的一种表现形式，而服务质量也是出版物质量的一部分。这一观点具有启发意义。

吴锋以科技期刊为研究对象，分析了大数据可能带来的改变，其中包括建立定期刊编辑公共信息平台，自动生成反映作者学术水准、学术贡献、学术知名度等特性的分析和评估报告，自动生成反映来稿内容特性及分类的监测、分析和评估报告，进而大大减轻编辑的人工作业负担；他还提出了基于大数据的科技期刊及论文评价指标系统，该系统不仅包含引用量、下载量等信息，还可以收集专家印象评估，实现论文动态评估并对读者及时反馈。

姚永春提出，传统出版时代积累的海量数据及出版活动中源源不断产生的新数据，是出版企业重要的新经济利益来源。出版企业必须着力于夯实数据基础，搭建一个标准化、可横向拓展的统一数据平台，成为规模数据拥有者。他提出，出版企业大数据构建层面工作可以从两个方面展开：一是事实信息数据化，主要通过大数据库建设完成；二是内部数据与外部数据的对接与整合，主要通过出版企业云环境的部署实现。同时，他从大数据应用层面提出，要以大数据分析实现精准营销，促进出版流程优化，提高经营管理效率。

黄孝章等提出，大数据使数字化阅读快速增长，电子商务企业开始进军出版领域，同时，个性化、实时性信息消费需求快速增长。在大数据时代，出版商向信息和知识服务商转变，并由业务驱动型出版模式向数据驱动型出版模式转变，以数据分析为基础的决策贯穿从选题策划、内容加工到内容传播与营销的整个出版过程。基于大数据技术，通过对用户阅读行为、特征及购买记录、图书资讯、连载书访问等数据进行分析，挖掘和捕捉读者阅读兴趣，实现选题内容和流程创新，以满足读者移动化、个性化阅读需求。大数据营销还可以帮助出版社通过量化和深入的数据分析，精准地洞察和挖掘客户需求，从而精准地锁定目标客户群，实现精准营销。

尽管出版行业通过转企改制成立了许多大型出版集团，产业规模和行业影响力迅速扩大，但行业数据采集、存储管理、综合分析和利用的整体水平不高。目前，只有少数大型出版集团建有数据中心，并建设有ERP、客户关系管理和商业智能等系统，有专门的团队负责企业业务和运营数据的采集、分析及处理工作，在数据分析方面已经具备数据仓库级的应用。大多数出版企业鉴于过高的数据采集成本，未能实现有效的数据分析和利用。

8.2.2 出版行业大数据应用的国外现状

1. 大众出版企业

大众出版物的读者通常较为分散，因此依靠单个企业获取海量读者的数据十分困难。对此，欧美大众出版机构加强合作，联合建立了大数据分析平台。

例如，2013年2月，美国众多出版机构共同建立了名为"书呆网"的网络书店，其核心在于以读者需求为中心，结合读者个性化体验，利用大数据技术向读者推荐下一本适合学习的图书。书呆网还利用大数据收集关于图书的所有描述，利用现代信息技术挖掘与图书相关的重要主题，提供强大的功能数据集。

国外其他出版商共建的出版行业大数据应用平台主要着力于图书营销环节，且运作时间较短，更多侧重于数据分析。因此，大众出版物的大数据分析平台仍存在很大的改进空间。

2. 教育出版企业

欧美教育出版企业在具备数字化基础的情况下，基于已有内容和用户需求资源，利用大数据技术开发个性化的教学方案和智能学习平台。

例如，培生教育出版集团首先将大数据技术运用于内容数据优化方面，依托传统内容资源优势，将海量信息资源数字化，建立起方便读者随时取用的在线信息资源库，并提供各种在线内容的搜索、创建和管理等功能。此外，培生于2013年4月收购了美国哈佛大学开发的基于云计算的学习分析与管理系统Learning Catalytics，教师可以通过该平台获取学生提交的各种开放式问题的答案，以便实时调整教学计划和目标。

3. 专业出版企业

欧美专业出版企业利用已有的技术基础和内容优势，积极开发新的大数据技术，推动客户数据的智能化和知识数据的可视化。

里德·爱思唯尔集团旗下的律商联讯投资开发了高性能计算集群系统（简称HPCC）技术，运用成熟的数据处理方法及专有的连接算法，共享细分市场数据统计及分析结果，推动客户数据的智能化。

此外，2014年1月30日，泰勒·弗朗西斯与在线知识分享平台"图表分享"达成合作协议，帮助研究人员建立、发布和分享研究成果。该合作帮助1 700多种期刊中不同类型的数据实现了可视化，使其期刊论文的补充材料有了新的传播渠道。

8.3 出版行业大数据来源及应用流程

8.3.1 出版行业大数据来源

1. 销售信息获取

大数据发展包括三个阶段：运营式系统阶段、用户原创内容阶段、感知式系统阶段。出版企业获取销售数据的途径主要有：第三方数据服务公司获取、出版企业的ERP销售数据、书店销售数据反馈，这些可以归为运营式系统阶段数据获取方法。

网络营销也是数据的重要来源。近些年，当当网、亚马逊和京东等网络图书商城的图书销量已经超过图书总销量的30%。通过分析这些网站的购买记录，可以获取到海量的读者购书频率信息、购书偏好信息等。对于图书营销来说，一方面，出版企业需要在相关零售网站上建立自己的直营网店；另一方面，出版企业需要与大型网络零售商合作，通过多元化的销售渠道来扩大图书销售份额，并通过加强与互联网及大数据企业的合作，实现出版行业和互联网及大数据的产业深度融合，加速出版行业对大数据的获取与应用。

2. 用户原创信息获取

在Web 2.0的环境下，用户原创信息量猛增，这些新媒体和网络社区是出版行业相关数据的重要来源。用户的原创信息还包括通过博客、微博等平台发表的网络作品，一些颇受欢迎的网络出版物对传统出版物的质量也有借鉴意义。

从目前可能的出版物数据来源可见，数据主要来自出版企业外部。信息平台将用户的网络行为连同个人信息进行全景式记录，实现了数据增量的质变，这些数据既包含出版企业提供的产品内容库，也包含网络使用者的用户数据库。通过这样的信息资源平台，出版企业可以获得真实的、可寻址的用户资料、购买意愿、行为及反馈，对用户需求的了解更接近真实状况。

除此之外，一些新媒体和网络社区也包含了大量图书评价信息。充分发挥网络的优势，利用空间、微博、微信、博客、论坛、搜索、QQ、MSN、社区网、RSS、豆瓣读书、当当网、亚马逊等渠道把读者的反馈信息收集起来。例如，通过Cookie技术获取读者浏览网页、搜索和评论图书产品、阅读状态等行为数据，通过这些数据，出版行业可以获得关于读者在购买偏好、购买意愿、购买频率、购买周期、忠诚度、满意度等方面的丰富数据，有利于出版企业准确把握读者的阅读与消费趋势。

3. 图书馆借阅信息获取

目前，几乎所有地区及高校图书馆都采用数据库技术对其进行管理，其主要目的是方便图书馆对图书的采购、编目及对图书的流通进行有效的管理。在图书馆的流通中，产生了大量的数据，其中包括借阅人信息、借阅图书数目、借阅频率等信息，这些也成为出版行业能够利用的大数据的主要来源之一。

8.3.2 出版行业大数据应用基本流程

出版行业的大数据来源广泛，应用需求和数据类型也不尽相同，但基本的处理流程是一致的。一般将大数据技术划分为数据获取、数据存储（包括数据索引、存储、分享和归档）、数据分析（包括数据清洗和处理）、数据应用，可以参照中国人民大学网络与移动数据管理实验室开发的ScholarSpace中文文献数据库系统（图8-1）。

基于新媒体营销行为建立起来的用户数据存储与维护为今后的出版市场开发提供了数据支持，为出版企业战略运营提供了多渠道的媒体平台，为读者细分市场提供了定制化产品。大数据时代的出版营销创新应立足于这些方面展开。

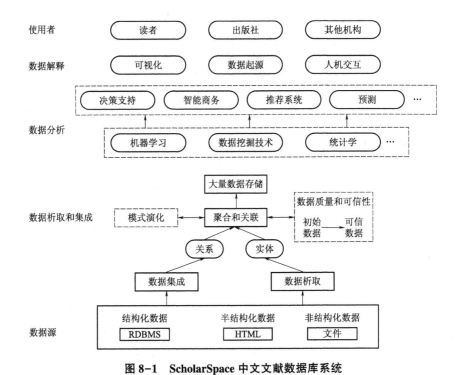

图 8-1 ScholarSpace 中文文献数据库系统

8.4 大数据在出版行业的应用方向

1. 基于建议的应用

建议应用基于行为、人口统计数据或某些其他可分辨属性进行分类，或直接采用聚类的方法识别或创建一组"相似"的用户或产品。这些应用通过分析群体的事务情况，用以得到衡量用户及其行为和偏好之间关系强度的倾向。根据这些倾向，应用可以提出关于出版物的建议，在对出版物进行推荐时，由于出版物本身有成熟的分类方法，可以考虑在"相似出版物"算法的基础上辅以"相似用户"的算法进行推荐内容的优化。对消费者提供有针对性的建议，不仅能够提高建议效率、减少宣传成本，同时也可以作为一种增值服务提高出版物的服务质量。基于建议的应用可以用于：

1）出版物推荐广告定向投放

根据消费者的购买记录、兴趣偏好等信息，通过相似消费者的购买信息和出版物的分类信息，向消费者推荐其他出版物。

2）发布阅读报告

根据性别、年龄、行业、学历等信息，向不同人群定期发布阅读报告，介绍群体阅读状况并给出阅读建议。

2. 基于预测的应用

预测应用考虑多种变量、指标和维度来简化不同市场情形下的决策制订。利用统计和数据挖掘技术降低噪声，对众多变量提纯，易识别能在最适合的特定情况下预测绩效的变量和变量的组合；还可以给出风险和敏感性数据，从而有效辅助决策者了解不同变量的重要程度并做出恰当的决策。在提升出版物的质量方面，基于预测的应用可以包括：

1）选题内容预测

根据出版物消费情况、多媒介（电影、书籍、新闻、唱片等）的浏览信息和内容来预测消费者的潜在需求，从而指导编辑从前期选题到印制发行，在各阶段都可以针对消费者的需求进行调整，从而满足消费需求，并提升出版物内容质量。

2）设备维护预测

针对出版过程中使用的对出版物质量造成直接或间接影响的设备，可以根据机器设备的使用信息、可靠性数据、维修记录等信息预测设备故障，来保障出版物质量。

3. 基于洞察的应用

洞察应用使用统计和数据挖掘技术来识别"异常"行为和情况。高级洞察应用甚至可以跨越数千个业务维度执行复杂分析。随着来自网络点击和联网设备等数据源的数据不断增加，这些洞察应用的重要性也日益凸显，在出版物质量提升方面可用于盗版洞察应用。盗版的出版物在质量上往往存在严重问题，对消费者和市场秩序都会造成不良影响。

通过监视出版物相关的电商交易价格、数量、资金流动、消费者反馈信息，以及正版出版物发行时间、价格、数量、零售商地址等信息，可以及时发现异常情况，从而实时监控和打击盗版。

4. 基于基准的应用

基准应用利用分析将某个实体的性能与某一基准进行比较，用于比较的基准可以是行业标准、先前时期、先前事件。在提升出版物的质量方面，基于基准的应用可以用于：

1）出版企业内部编校质量基准

出版企业内部可以根据三审三校数据分析得到编校流程中各阶段的编校情况数值，来对编辑人员工作进行考核；也可以按照时间顺序或根据出版物类别给出不同情况下的编校质量基准，用以了解编校质量情况变化趋势和发现重点编校对象，从而提升编校质量。

2）出版物质量基准

将行业绩效汇总，得到各出版类型的质量基准，为新闻出版管理机构提供质量抽查依据。

8.5 大数据在出版产品质量提升方面的具体应用

大数据在出版产品质量提升方面的应用形式有优化选题质量、来稿预处理、编辑人员监测和出版物质量评价等。

1. 优化选题质量

传统出版行业通过出版物的发行量以及编辑的经验进行选题，这样的方式带有滞后性，往往不能反映读者兴趣；而通过抽样数据预判市场则难以全面反映读者需求，并会出现数据偏差。大数据技术可以协助出版企业全面清晰地获取所需要的信息，通过对销售数据、用户浏览数据分析及用户分类等方法，出版企业可以获取用户关注的选题信息，这些数据通过物联网、可寻址技术等与用户实体相匹配、连接，从而被完整记录，以便出版企业甄别用户需求、了解读者偏好，进而进行定向策划，甚至实现个性化的出版产品定制，生成符合读者潜在需求的出版物。

在选题的信息搜集阶段，编辑可以使用 ROST News Analysis Tool 和 ROST Detail Miner 等新闻和网页信息采集工具、百度指数查询工具；此外，编辑还可以使用研究微博的独到技术、微博引爆点、知微等工具。在图书选题策划阶段，编辑可以使用信息挖掘及舆情分析技术来确定题目、作者、目标读者并辅助进行选题论证。选题论证阶段可以进行背景类信息分析、原则类信息分析、同类选题比较分析和舆情类信息分析来进行选题论证。

2. 来稿预处理

可以利用大数据建立作者数据库，其中包含作者的身份认证信息、标签等基础信息和作者作品信息，通过聚类分析的方法确定目标作者名单。

1）数据分析

出版企业在收到来稿后，应快速针对作者、稿件内容进行分析，减少编辑人员的工作量。数据分析的内容可以包括：作者的水平、知名度和著作内容；来稿的内容特征、所属分类；稿件内容抄袭、重复发表、跨语言重复发表可能性分析等。

2）对作者评估分级

对作者进行评估分级可以帮助编辑对来稿作者的层级分布属性进行科学评估，并加以分级或排序。

3）对稿件属性预评估

出版企业引入在线文本分析工具，将来稿的关键词与内外公共文献数据库进行比对分析，可以帮助编辑对海量来稿的时效性、选题热度、学科领域等属性进行评估和分类，进而判断来稿是否属于特定学科领域的新近热门主题或重要选题。

3. 编辑人员监测

编辑人员在图书质量的控制方面扮演着重要的角色，承担了重大的任务。在大数据背景下，出版企业可以通过监测和记录编辑人员三审三校的过程、参与编辑的人数、编辑人员的专业背景、编辑次数等信息形成编辑过程信息库,然后结合专家评审意见、读者反馈信息等综合衡量作品的质量,通过大数据技术的应用分析编辑过程信息库中的数据,发现适用于出版企业的编辑人员组成、协同工作模式等,细分编辑过程及工作任务,兼顾出版产品的效率与质量。

4. 出版物质量评价

目前,出版物的评价机制尚不健全。从评价主体来看,政府主导的图书质量评价及出版企业评级活动,存在评价主体单一和外部评价缺失的问题。信息咨询公司可以利用自身在数据收集与分析方面的优势,应用大数据分析技术,从以下几方面展开对出版物的质量评价:

1)定性与定量结合

大数据平台为出版物质量的评价提供了分布广泛的数据样本,从而能够获得数量庞大的评分结果。对用户原创评论信息进行文本挖掘,提取特征集能够拓展定量分析的指标框架,并利用这些特征集以及其他文本分析和语义分析就能够建立定性描述指标。

2)动态评价

大数据平台是一个实时更新的动态信息网络,运用在线数据挖掘与跟踪技术对出版物的销售量、读者评价等信息进行动态跟踪和科学预测,进而将静态结论性数据与动态的变化数据结合起来,可以实现静态评估与动态评估的结合。

3)评价主体多元化

出版企业应充分利用大数据技术统计读者评价,使内部评价与外部评价相结合、主观评价与客观评价相结合,充分发挥第三方评价独立、客观、公正的特点,把读者评价、受众满意度以及市场效益等定为关键性指标,将政府专家意见与读者反响、用户满意度以适当权重相结合,从而构建一个更科学完整的评价体系。

附录 1　出版企业内部质量保证体系现状调查问卷

问卷编号：

尊敬的先生/女士：

您好！希望通过问卷深入了解您对出版物质量保证体系的看法，谢谢！

您的年龄：○25 岁及以下　○26~35 岁　○36~45 岁　○46 岁及以上
您的社龄：○1 年及以内　○2~5 年　○6~10 年　○11 年及以上
您的职位：_____
贵社涉及的出版物有：□图书　□报纸　□期刊
　　　　　　　　　　□电子出版物　□音像出版物
您所在的出版社为：□大学社　□部委社
　　　　　　　　　□地方社　□其他

1. 贵社担任初审工作的编辑职称要求为（单项选择题）_____
　A. 无限制　　　　　　　　B. 初级及以上
　C. 中级及以上　　　　　　D. 副编审及以上
2. 贵社担任复审工作的编辑职称要求为（单项选择题）_____
　A. 无限制　　　　　　　　B. 初级及以上

C. 中级及以上　　　　　　　D. 副编审及以上

3. 贵社担任终审工作的编辑职称要求为（单项选择题）_____

　A. 无限制　　　　　　　　　B. 初级及以上

　C. 中级及以上　　　　　　　D. 副编审及以上

4. 初、复、终审是否由三个不同的人完成（单项选择题）_____

　A. 是　　　　　　　　　　　B. 否

5. 贵社是否有专职的校对人员（单项选择题）_____

　A. 是　　　　　　　　　　　B. 否

6. 三轮的校对工作是否由不同的人进行（单项选择题）_____

　A. 是　　　　　　　　　　　B. 否

7. 贵社对员工的培训一般采取何种形式（多项选择题）_____

　A. 社内员工培训　　　　　　B. 邀请社外专家培训

　C. 参加各种出版相关培训班　D. 网络培训

　E. 其他_____

8. 培训的内容涉及以下哪些方面（多项选择题）_____

　A. 国家法规与政策　　　　　B. 与出版有关的国家标准

　C. 语言知识　　　　　　　　D. 学科专业知识

9. 贵社对员工培训的频率（单项选择题）_____

　A. 每周　　　B. 每月　　　C. 每半年　　　D. 每年

10. 贵社工资或岗位津贴是否与员工职称挂钩（单项选择题）_____

　A. 挂钩　　　　　　　　　　B. 不挂钩

11. 贵社新员工入社是否实行导师制（单项选择题）_____

　A. 实行　　　　　　　　　　B. 不实行

12. 贵社编辑每年的稿件加工字数为（单项选择题）_____

　A. 800 千字以内　　　　　　B. 800~1 500 千字

　C. 1 500~2 500 千字　　　　D. 2 500 千字以上

13. 贵社图书在某一时间段（如春季、秋季）出版的集中度（单项选择题）_____

A. 非常严重　　　B. 一般严重　　　C. 比较平均

14. 贵社图书的生产周期通常为多久（单项选择题）_____

A. 1~1.5个月　　　　　　B. 1.5~2个月

C. 2~2.5个月　　　　　　D. 2.5~3个月

E. 3个月以上

15. 贵社规划组稿的选题占全部选题量的比例为（单项选择题）_____

A. 30%以内　　　　　　B. 30%~50%

C. 50%~80%　　　　　　D. 超过80%

16. 贵社选题调研的渠道有（多项选择题）_____

A. 书店　　　　　　　　B. 网站

C. 会议　　　　　　　　D. 教师

E. 开卷数据　　　　　　F. 读者

G. 批发商　　　　　　　H. 发行员

I. 其他_____

17. 贵社是否定期举办选题论证会（单项选择题）_____

A. 是　　　　　　　　　B. 否

18. （17题答案为"是"的回答）选题论证会的选题如何确定（单项选择题）_____

A. 选题论证会的投票决定　　B. 社领导确定

C. 其他_____

19. 对作者选取时优先关注的要素是（单项选择题）_____

A. 学术水平　B. 编写水平　C. 声望　D. 职称、职务

20. 贵社编辑对稿件是否进行中耕检查（单项选择题）_____

A. 是　　　　　　　　　B. 否

21. 贵社的合同在哪个环节以后签订（单项选择题）_____

A. 选题通过即签订合同

B. 稿件提交检查没问题后签订合同

C. 三审合格后即签订合同

22. 贵社的稿件是否有出版社安排的社外专家审稿环节（单项选择题）_____

　　A. 是　　　　　　　　B. 否

23. 贵社三审环节中的哪个环节可以放在社外进行（单项选择题）_____

　　A. 初审　　　B. 复审　　　C. 终审　　　D. 都不放在社外

24. 贵社在三审环节中如果一个审次的差错率过高是否会退回上一个审次（单项选择题）_____

　　A. 是　　　　　　　　B. 否

25. 贵社对外审人员是否进行定期的培训（单项选择题）_____

　　A. 是　　　　　　　　B. 否

26. 稿件编校过程中是否给作者看清样（单项选择题）_____

　　A. 是　　　　　　　　B. 否

27. 贵社的编校是否开始采用电脑编校系统（单项选择题）_____

　　A. 是　　　　　　　　B. 否

28. 贵社的图稿由谁负责处理（单项选择题）_____

　　A. 社内有专人负责绘图及修图

　　B. 社外排版人员

　　C. 作者

29. 贵社图书印前质检的抽查字数（单项选择题）_____

　　A. 全书5%以内　　　　B. 5%~10%

　　C. 10%以上　　　　　D. 固定字数抽检

　　E. 对不同的书设定不同的抽查比例

30. 贵社对精品图书是否设定更高的质检标准（单项选择题）_____

　　A. 是　　　　　　　　B. 否

31. 贵社印前质检不合格的图书对相关人员的处罚措施有（单项选择题）_____

A. 不处罚 B. 扣除部分工作量
C. 扣除全部工作量 D. 在工作量之外再扣款

32. 贵社除策划编辑和责任编辑外是否有专人负责封面方案审定工作（单项选择题）_____

A. 是 B. 否

33. 印好的图书在装订前是否先做样书给编辑审定（单项选择题）_____

A. 是 B. 否

34. 贵社是否定期进行成品书抽查工作（单项选择题）_____

A. 是 B. 否

35. 贵社是否严格实行作者改错样书回收制度（单项选择题）_____

A. 是 B. 否

36. 贵社是否有专人负责读者意见处理（单项选择题）_____

A. 是 B. 否

37. 贵社对读者意见反馈时间、反馈处理等是否有具体的工作标准（单项选择题）_____

A. 是 B. 否

附录2 出版企业内部质量保证体系现状调查问卷分析报告

开始时间：2014年11月20日

样本总数：36份

数据与分析：

您的年龄段　［单项选择题］

选项	小计	比例
25岁及以下	2	5.56%
26~35岁	17	47.22%
36~45岁	13	36.11%
46岁及以上	3	8.33%
（空）	1	2.78%
本题有效填写人次	36	

您的社龄　［单项选择题］

选项	小计	比例
1年及以下	2	5.56%
2~5年	10	27.78%

续表

选项	小计	比例
6~10 年	9	25%
11 年及以上	13	36.11%
（空）	2	5.56%
本题有效填写人次	36	

贵社涉及的出版物有　　[多项选择题]

选项	小计	比例
图书	33	91.67%
报纸	1	2.78%
期刊	19	52.78%
电子出版物	11	30.56%
音像出版物	10	27.78%
（空）	1	2.78%
本题有效填写人次	36	

您所在的出版社为　　[单项选择题]

选项	小计	比例
大学社	4	11.11%
部委社	13	36.11%
地方社	5	13.89%
其他	14	38.89%
本题有效填写人次	36	

1. 贵社担任初审工作的编辑职称要求为　　[单项选择题]

选项	小计	比例
无限制	5	13.89%
初级及以上	10	27.78%
中级及以上	20	55.56%
副编审及以上	1	2.78%
本题有效填写人次	36	

2. 贵社担任复审工作的编辑职称要求为　　［单项选择题］

选项	小计	比例
A. 无限制	0	0
B. 初级及以上	1	2.78%
C. 中级及以上	14	38.89%
D. 副编审及以上	21	58.33%
本题有效填写人次	36	

3. 贵社担任终审工作的编辑职称要求为　　［单项选择题］

选项	小计	比例
A. 无限制	0	0%
B. 初级及以上	0	0%
C. 中级及以上	3	8.33%
D. 副编审及以上	33	91.67%
本题有效填写人次	36	

4. 初复终审是否由三个不同的人完成　　［单项选择题］

选项	小计	比例
A. 是	35	97.22%
B. 否	1	2.78%
本题有效填写人次	36	

5. 贵社是否有专职的校对人员　　［单项选择题］

选项	小计	比例
A. 是	22	61.11%
B. 否	14	38.89%
本题有效填写人次	36	

6. 三轮的校对工作是否由不同的人进行　　[单项选择题]

选项	小计	比例
A. 是	30	83.33%
B. 否	5	13.89%
（空）	1	2.78%
本题有效填写人次	36	

7. 贵社对员工的培训一般采取何种形式　　[多项选择题]

选项	小计	比例
A. 社内员工培训	29	80.56%
B. 邀请社外专家培训	22	61.11%
C. 参加各种出版相关培训班	29	80.56%
D. 网络培训	12	33.33%
E. 其他	0	0
本题有效填写人次	36	

8. 培训的内容涉及以下哪些方面　　[多项选择题]

选项	小计	比例
A. 国家法规与政策	32	88.89%
B. 与出版有关的国家标准	34	94.44%
C. 语言知识	29	80.56%
D. 学科专业知识	22	61.11%
本题有效填写人次	36	

9. 贵社对员工培训的频率　　[单项选择题]

选项	小计	比例
A. 每周	0	0
B. 每月	17	47.22%
C. 每半年	5	13.89%
D. 每年	13	36.11%
（空）	1	2.78%
本题有效填写人次	36	

10. 贵社工资或岗位津贴是否与员工职称挂钩 ［单项选择题］

选项	小计	比例
A. 挂钩	30	83.33%
B. 不挂钩	6	16.67%
本题有效填写人次	36	

11. 贵社新员工入社是否实行导师制 ［单项选择题］

选项	小计	比例
A. 实行	14	38.89%
B. 不实行	22	61.11%
本题有效填写人次	36	

12. 贵社编辑每年的稿件加工字数为 ［单项选择题］

选项	小计	比例
A. 800 千字以内	2	5.56%
B. 800~1 500 千字	11	30.56%
C. 1 500~2 500 千字	12	33.33%
D. 2 500 千字以上	10	27.78%
（空）	1	2.78%
本题有效填写人次	36	

13. 贵社图书在某一时间段（如春季、秋季）出版的集中度 ［单项选择题］

选项	小计	比例
A. 非常严重	7	19.44%
B. 一般严重	20	55.56%
C. 比较平均	7	19.44%
（空）	2	5.56%
本题有效填写人次	36	

14. 贵社图书的生产周期通常为多久　　[单项选择题]

选项	小计	比例
A. 1~1.5 个月	2	5.56%
B. 1.5~2 个月	7	19.44%
C. 2~2.5 个月	10	27.78%
D. 2.5~3 个月	8	22.22%
E. 3 个月以上	7	19.44%
（空）	2	5.56%
本题有效填写人次	36	

15. 贵社规划的选题量占全部选题量的比例为　　[单项选择题]

选项	小计	比例
A. 30%以内	11	30.56%
B. 30%~50%	13	36.11%
C. 50%~80%	7	19.44%
D. 超过 80%	4	11.11%
（空）	1	2.78%
本题有效填写人次	36	

16. 贵社选题调研的渠道有　　[多项选择题]

选项	小计	比例
A. 书店	27	75%
B. 网站	28	77.78%
C. 会议	29	80.56%
D. 教师	22	61.11%
E. 开卷数据	16	44.44%
F. 读者	15	41.67%
G. 批发商	14	38.89%
H. 发行员	18	50%
I. 其他	3	8.33%
（空）	1	2.78%
本题有效填写人次	36	

17. 贵社是否定期举办选题论证会　　[单项选择题]

选项	小计	比例
A. 是	31	86.11%
B. 否	4	11.11%
(空)	1	2.78%
本题有效填写人次	36	

18.（17题答案为"是"的回答）选题论证会的选题如何确定 [单项选择题]

选项	小计	比例
A. 选题论证会的投票决定	14	38.89%
B. 社领导确定	15	41.67%
C. 其他	2	5.56%
(空)	5	13.89%
本题有效填写人次	36	

19. 对作者选取时优先关注的要素是　　[单项选择题]

选项	小计	比例
A. 学术水平	12	33.33%
B. 编写水平	13	36.11%
C. 声望	6	16.67%
D. 职称、职务	2	5.56%
(空)	3	8.33%
本题有效填写人次	36	

20. 贵社编辑对稿件是否进行中耕检查　　[单项选择题]

选项	小计	比例
A. 是	24	66.67%
B. 否	10	27.78%
(空)	2	5.56%
本题有效填写人次	36	

21. 贵社的合同在哪个环节以后签订　[单项选择题]

选项	小计	比例
A. 选题通过即签订合同	22	61.11%
B. 稿件提交检查没问题后签订合同	10	27.78%
C. 三审合格后即签订合同	2	5.56%
（空）	2	5.56%
本题有效填写人次	36	

22. 贵社的稿件是否有出版社安排的社外专家审稿环节　[单项选择题]

选项	小计	比例
A. 是	20	55.56%
B. 否	14	38.89%
（空）	2	5.56%
本题有效填写人次	36	

23. 贵社三审环节中的哪个环节可以放在社外进行　[单项选择题]

选项	小计	比例
A. 初审	14	38.89%
B. 复审	3	8.33%
C. 终审	0	0
D. 都不放在社外	16	44.44%
（空）	3	8.33%
本题有效填写人次	36	

24. 贵社在三审环节中如果一个审次的差错率过高是否会退回上一个审次 ［单项选择题］

选项	小计	比例
A. 是	30	83.33%
B. 否	4	11.11%
(空)	2	5.56%
本题有效填写人次	36	

25. 贵社对外审人员是否进行定期的培训 ［单项选择题］

选项	小计	比例
A. 是	12	33.33%
B. 否	21	58.33%
(空)	3	8.33%
本题有效填写人次	36	

26. 稿件编校过程中是否给作者看清样 ［单项选择题］

选项	小计	比例
A. 是	31	86.11%
B. 否	3	8.33%
(空)	2	5.56%
本题有效填写人次	36	

27. 贵社的编校是否开始采用电脑编校系统 ［单项选择题］

选项	小计	比例
A. 是	17	47.22%
B. 否	17	47.22%
(空)	2	5.56%
本题有效填写人次	36	

28. 贵社的图稿由谁负责处理　[单项选择题]

选项	小计	比例
A. 社内有专人负责绘图及修图	9	25%
B. 社外排版人员	26	72.22%
C. 作者	0	0
（空）	1	2.78%
本题有效填写人次	36	

29. 贵社图书印前质检的抽查字数　[单项选择题]

选项	小计	比例
A. 全书5%以内	2	5.56%
B. 5%~10%	2	5.56%
C. 10%以上	3	8.33%
D. 固定字数抽检	6	16.67%
E. 对不同的书设定不同的抽查比例	20	55.56%
（空）	3	8.33%
本题有效填写人次	36	

30. 贵社对精品图书是否设定更高的质检标准　[单项选择题]

选项	小计	比例
A. 是	30	83.33%
B. 否	4	11.11%
（空）	2	5.56%
本题有效填写人次	36	

31. 贵社印前质检不合格的图书对相关人员的处罚措施有　[单项选择题]

选项	小计	比例
A. 不处罚	5	13.89%
B. 扣除部分工作量	13	36.11%
C. 扣除全部工作量	1	2.78%
D. 在工作量之外再扣款	15	41.67%
（空）	2	5.56%
本题有效填写人次	36	

32. 贵社除策划编辑和责任编辑外是否有专人负责封面方案审定工作　[单项选择题]

选项	小计	比例
A. 是	16	44.44%
B. 否	18	50%
（空）	2	5.56%
本题有效填写人次	36	

33. 印好的图书在装订前是否先做样书给编辑审定　[单项选择题]

选项	小计	比例
A. 是	27	75%
B. 否	7	19.44%
（空）	2	5.56%
本题有效填写人次	36	

34. 贵社是否定期进行成品书抽查工作　[单项选择题]

选项	小计	比例
A. 是	31	86.11%
B. 否	2	5.56%
（空）	3	8.33%
本题有效填写人次	36	

35. 贵社是否严格实行作者改错样书回收制度　[单项选择题]

选项	小计	比例
A. 是	16	44.44%
B. 否	18	50%
（空）	2	5.56%
本题有效填写人次	36	

36. 贵社是否有专人负责读者意见处理　[单项选择题]

选项	小计	比例
A. 是	17	47.22%
B. 否	18	50%
（空）	1	2.78%
本题有效填写人次	36	

37. 贵社对读者意见反馈时间、反馈处理等是否有具体的工作标准　[单项选择题]

选项	小计	比例
A. 是	12	33.33%
B. 否	23	63.89%
（空）	1	2.78%
本题有效填写人次	36	

附录3 出版从业人员对图书内容质量评价指标重要性观点调查问卷

问卷编号：

尊敬的先生/女士：

您好！希望通过问卷深入了解您对出版物内容质量指标体系的看法，谢谢！

您的年龄： ○30岁及以下 ○31~45岁 ○46岁及以上

您的社龄： ○1年及以内 ○2~5年 ○6~10年 ○11年及以上

您的职位：_____

1. 资讯属性

三级指标	评价标准	非常重要	重要	无意见	不重要	非常不重要
政治思想导向	内容遵循正确的政治路线、方针、政策，宣传正确的思想内容	5	4	3	2	1
社会价值导向	内容对读者的思想意识、价值取向、行为方式能进行正确的引导	5	4	3	2	1
资讯热度	内容为受读者关注或在某个时期引人注目的资讯信息	5	4	3	2	1

续表

三级指标	评价标准	非常重要	重要	无意见	不重要	非常不重要
时效性	内容信息的时间效用	5	4	3	2	1
真实客观性	内容如实反映客观现实，真实可靠	5	4	3	2	1
资讯效用	读者获得内容并利用它满足自身的需求	5	4	3	2	1
知识量	内容包含的信息量	5	4	3	2	1
内容精练性	内容简洁凝练、切中要点	5	4	3	2	1
形式多样性	内容图文并茂、图表兼备，形式丰富	5	4	3	2	1

2. 教育属性

三级指标	评价标准	非常重要	重要	无意见	不重要	非常不重要
作者专业水平	作者在出版物内容所涉及领域的学术、技艺等方面的专业程度	5	4	3	2	1
作者影响力	作者在出版物内容所涉及领域的声望和代表性	5	4	3	2	1
先进性	内容具有先导作用，位于前列	5	4	3	2	1
科学性	内容涉及的概念、原理等清楚、确切，涉及的历史事实、专业术语、数据公式、参考文献等准确可靠	5	4	3	2	1
适用性	内容与教育目标的契合程度	5	4	3	2	1
实践性	内容注重培养读者主动参与实践、启发创新	5	4	3	2	1
认可度	读者对内容的认同程度	5	4	3	2	1
数字化	内容可数字化	5	4	3	2	1

3. 工具属性

三级指标	评价标准	非常重要	重要	无意见	不重要	非常不重要
便于查阅	在内容组织上符合读者的认知规律和逻辑顺序，便于读者查找所需信息	5	4	3	2	1
易于阅读	内容符合多数读者的兴趣、能力、知识与技能基础	5	4	3	2	1
可操作性	内容详尽描述操作程序及相关指标，从而引导读者体验知识和方法的实践应用	5	4	3	2	1
可释疑	内容清晰易懂，能够解决读者的疑问	5	4	3	2	1

4. 文娱属性

三级指标	评价标准	非常重要	重要	无意见	不重要	非常不重要
共鸣	内容能够与读者在思想上或在情感上相互感染，并使之产生相应情绪的能力	5	4	3	2	1
互动	让读者参与到阅读过程中，使读者与书籍实现相互影响和作用	5	4	3	2	1
格调	艺术特点、写作风格高雅，为读者提供美好的阅读体验	5	4	3	2	1
创意	内容具有新颖性、创造力和突破性	5	4	3	2	1
视听感受	文字和图像清晰、准确；文字传递明快，插图画质精良，排列连贯有序	5	4	3	2	1
趣味性	内容对读者的吸引力	5	4	3	2	1

5. 学术属性

三级指标	评价标准	非常重要	重要	无意见	不重要	非常不重要
前沿性	内容表达新观念、新理论，或体现研究者对新现象的关注和回应	5	4	3	2	1
创新性	内容以新思维、新发明和新描述为特征，为改进或创造新的事物、方法、元素、路径、环境提供见解和导向	5	4	3	2	1
引领性	引导所涉及领域的学者对相关主题进行具体、深入、有组织的探索	5	4	3	2	1
转化性	学术成果、研究内容可以转化为满足社会需求、现实需要的实践成果	5	4	3	2	1
阅读量	被阅读频次的统计	5	4	3	2	1
引用量	其他出版物在撰写过程中对该出版物的引用频次统计	5	4	3	2	1

除了上述指标，您认为还有哪些内容评价指标？

_____

_____

_____

_____

参 考 文 献

[1] 陈若伟.图书全生命周期的质量控制[J].科技与出版,2011,(11):25-28.

[2] 李红强.出版企业的出版物质量保障机制研究[J].出版广角,2012,(8):74-75.

[3] 杜贤.坚持"九三一"质量控制体系,全程全员全面提升图书出版质量[J].科技与出版,2013,(3):4-6.

[4] 郭乃铎,潘正安.构建图书质量保障的长效机制[J].编辑之友,2011,(S2):20-23.

[5] 刘冬梅.零缺陷管理:提升图书编校质量的有效路径[J].出版科学,2010,(6):21-23.

[6] 刘志.基于品牌战略的图书质量管理探析[J].现代出版,2012,(5):40-43.

[7] 尹英俊.图书质量的问题及其解决[J].出版参考,2012,(24):16.

[8] 邢海鹰.用系统工程思想指导图书质量建设[J].科技与出版,2013,(3):7-10.

[9] 陈宏平,屈湘玲.略论图书出版质量的保障措施[J].出版科学,2011,(3):60-62.

[10] 卞浩.出版体制改革时期关于图书质量的再思考[J].西北工业大学学报(社会科学版),2010,30(1):106-108.

[11] 胡亚南.高校图书馆电子图书质量分析与市场现状[J].电子制作,2013,(2):90.

[12] 朱胜龙.编辑三审制:图书质量管理的软肋[J].出版参考,2006,(11S):10.

[13] 孙江莉,丰捷.关于图书质量保障机制的若干思考[J].出版发行研究,2006(10):25-27.

[14] 李春利.图书产品质量要从印前制版环节抓起[J].印刷质量与标准化,2008,(9):54-55.

[15] 王勇安.论图书选题质量管理的意义、内容和方法[J].出版发行研究,2008,(1):29-32.

[16] 祝恩民.关于提高图书编校质量的几点思考[J].辽宁省交通高等专科学校学报,2008,(1):53-54.

[17] 刘晓红,段志光.本科护理学专业教材质量评价指标体系的构建[J].护理研究,2008,22(10):2609-2611.

[18] 俞美华,傅炜昶.浅析职业教育教材质量评价体系[J].中国职业技术教育,2004,(28):55-56.

[19] 张琳.电子图书的内容与质量研究[J].内蒙古科技与经济,2013,(3):68-69,73.

[20] 陈书贵.电子出版物质量保证体系初探[J].中国电子出版,1999,(3):31-33.

[21] 邬书林.加强学术著作出版规范 扎实推进文化繁荣发展[J].中国出版,2012,(22):3-5.

[22] 张冬梅.浅淡如何在编辑工作中体现读者意识[J].辽宁广播电视大学学报,2011,(1):89-90.

[23] 张然.编辑职能探析——读《编辑人的世界》有感[J].中国校外教育,2012,(26):1,94.

[24] 吴平.2013编辑出版学的十大观点[J].编辑之友,2014,(1):14-18.

[25] 中国出版工作者访日考察团.日本出版行业的宏观管理[J].出版发行研究,1994,02:40-42.

[26] 李祥洲.国外出版行业宏观管理体系探析[J].出版科学,2004,(5):42-46.

[27] 魏玉山.国外新闻出版国家监管体制[J].出版发行研究,2005,(1):72-76.

[28] 陈蓓.英国出版制度研究[J].出版参考,2012,(24):53-54.

[29] 徐志静.德国,一个阅读的民族——德国出版行业透视[J].青春岁月,2012,(18):125.

[30] 赵苏阳.美国出版教育体系及其对我国的启示[J].中州学刊,2009,2:255-257.

[31] 冯小竹.策划编辑 责任编辑 生产编辑——美国出版社编辑制度管窥[J].中国出版,1999,03:60.

[32] 赵松.中美图书出版行业发展问题比较研究[D].山东大学,2010.

[33] 雨田.日本出版的编校标准[J].中国编辑,2004,(6):84-85.

[34] 齐思慧.探寻励德·爱思唯尔发展之道[J].出版参考:业内资讯版,2013,(2):49-50.

[35] Ali Gazni, Fereshteh Didegah. Investigating Different Types of Research Collaboration and Citation Impact: A Case Study of Harvard University's Publications[J].Scientometrics,2011,87(2):251-265.

[36] 罗昕,柯璟.美国新闻网站评优标准对我国的启示[J].中国出版,2011,4(2):72-75.

[37] Chandrashekhar Y, Narula J. Challenges for Research Publications: What Is Journal Quality and How to Measure It? [J].Journal of the American College of Cardiology,2015,65(16):1702-1705.

[38] Young N S, Ioannidis J P A, Al-Ubaydli O. Why Current Publication Practices May Distort Science[J].The Market for Exchange of Scientific Information: The Winner's Curse, Artificial Scarcity, and Uncertainty in Biomedical Publication,2008,5(10):e201.doi:10.1371/journal.pmed.0050201.

[39] Ignatchenko V, Sinha A, et al. VennDIS: A JavaFX-based Venn and Euler Diagram Software to Generate Publication Quality Figures[J]. Proteomics,2015,4(5):1239-1244.